OLIVER PÖTZSCH

Das Kochbuch der Henkerstochter

OLIVER PÖTZSCH

Das Kochbuch der Henkerstochter

DIE REZEPTE DER FAMILIE KUISL

riva

Für meine Eltern Claudia und Peter, die mir die Liebe zum Kochen mitgegeben haben und ohne die dieses Buch nicht geschrieben worden wäre. Danke für eure Geduld, eure Hilfe und die vielen Tipps und Rezepte!

Inhalt

8 Einen gottgesegneten Appetit und Hals- und Beinbruch!

10 Bei den einfachen Leuten

12 Hafergrützmus für brave Scharfrichter-Enkel
14 Onkel Barthls Zwiebelsuppe
16 Anna-Marias Gemüsebrühe
18 Geschupfte Nudeln mit gekümmeltem Kraut und Speck
20 Henkers Leibspeise: Eintopf mit Hammelfleisch und Rüben
22 Süßer Mehlmusauflauf aus dem Schwabenländle
24 Geschmälzte Brotsuppe
26 Linseneintopf mit Suppengrün

28 Bei den Patriziern

30 Coq au Vin
32 Braumeisters Rehrücken
34 Feines Brot auf welsche Art
36 Böfflamott
38 Forelle nach Henkerstochter Art
40 Die schnellste Pastete der Welt
42 Glasierter Fasan
44 Barockes Honigparfait

46 Märkte und Feste

48 Martinsgans mit Äpfeln und Birnen
50 Maultaschen
52 Seelenbrot
54 Schmalznudeln
56 Bratäpfel
58 Früchtebrot
60 Lebkuchen à la Emmi
62 Fürstlicher Christstollen

64 Im Wirtshaus

66 Bierbrot
68 Bamberger Zwiebel
70 Das beste und schnellste Brathähnchen der Welt
72 Breznknödel
74 Eintopf mit Bohnen und Fenchel
76 Griebenschmalz mit Äpfeln, Zwiebeln und Majoran (Hungrige-Henker-Fett)
78 Georg Kuisls liebster Krautsalat
80 Soleier

82 Im Wald

84 Papas Kräuterbutter
86 Omelette mit Wildkräutern
88 Pilzragout
90 Pilzrisotto mit Graupen
92 Blaubeerpfannkuchen
94 Sachsenrieder Wildschweinrücken
96 Brombeeressig
98 Kaninchenbraten »Schongauer Art«

100 Allerlei Süßes

102 Arme Ritter
104 Scheiterhaufen
106 Quittenbrot
108 Topfen-Finger
110 Hollerkücherl
112 Ani Kuisls Butterplätzchen
114 Zwetschgenbavesen
116 Kandierte Walnüsse

118 Heilkunde

120 Dr. Faustus' Theriak
122 Hühnersuppe mit frischem Thymian
124 Lindenblütentee mit Honig und Rosmarin
126 Hypocras
128 Grüne Suppe
130 Fichtenspitzen-Schnaps
132 Wald-Pralinen
134 Uschis Johanniskraut-Balsam

136 Aus fernen Landen

138 Heidentopf
140 Simons Kaffee
142 Aliahmads Auberginen
144 Aliahmads Safranreis
146 Zitronen-Tarte
148 Kissen des Sultans
150 Sonnensuppe
152 Venezianische Ravioli à la Contarini

154 Zutatenregister
158 Über den Autor

Einen gottgesegneten Appetit und Hals- und Beinbruch!

Lust auf eine echte Henkersmahlzeit? Keine Angst, es schlägt nicht Ihr letztes Stündchen! Wobei meine Familie da eventuell ein Wörtchen mitzureden hätte. Vom 16. bis zum 19. Jahrhundert waren meine Vorfahren, die Kuisls, als Scharfrichter in Bayern tätig, und vermutlich haben sie in dieser Zeit sehr viele unterschiedliche Henkersmahlzeiten erlebt …

Ich möchte Ihnen in diesem Kochbuch nicht Ihre letzte Mahlzeit auftischen, sondern stattdessen eine ganz besondere Küche präsentieren: die Küche meiner Ahnen! Darunter finden sich Rezepte für Gerichte, die Sie vielleicht schon aus meinen Romanen rund um den Scharfrichter Jakob Kuisl kennen. Darüber hinaus erfahren Sie jede Menge über weitere wohlschmeckende Gerichte aus dem Mittelalter und der Frühen Neuzeit. Einige der Rezepte habe ich zudem aus alten Kochbüchern meiner Familie oder sie wurden mündlich weitergegeben. Von meiner Urgroßmutter Ani Kuisl stammt eine handgeschriebene Rezeptsammlung, die ich für dieses Kochbuch eingesehen habe. Vieles kommt jedoch aus meiner eigenen Küche, vielfach erprobt, häufig gekocht und von meiner Familie heiß geliebt!

Die Kuisls haben immer gern gekocht, und das ist bis heute so. Ich selbst bin leidenschaftlicher Hobbykoch, sehr zur Freude meiner nicht kochenden Ehefrau und meiner Kinder. Schon als kleiner Bub habe ich meinen Eltern bei größeren Feiern in der Küche geholfen, ich habe Zwiebeln mit der Taucherbrille geschnitten, Raviolis mit Lauchfäden verknotet und Mayonnaise mit dem Schneebesen geschlagen, bis mir fast die Hand abfiel. Mein erstes selbst gekochtes Gericht war übrigens Röstbrot mit Majoran, Salz und zerlassener Butter. Das liebe ich heute noch!

Die einstige Henkersmahlzeit bestand beileibe nicht nur aus Wasser und trocken Brot. Ich habe in einer Chronik die Menüfolge einer Augsburger Henkersmahlzeit aus dem 18. Jahrhundert gefunden. Sie zog sich über drei Tage hin. Das ganze Menü aufzuzählen, würde hier den Rahmen sprengen – und ich will Ihnen auch nicht unnötig den Mund wässrig machen. Lassen Sie mich nur so viel sagen, dass es Kaffee mit Schmalzbrezen, Butterpastete mit Kalbfleisch, gebackenen Fisch, gebratene Hühner und Kapaune gab. Vor der Hinrichtung reichte der Wirt dann noch mal einen ganzen Liter Wein extra, und zwar nicht den schlechtesten!

Warum es das Ritual der Henkersmahlzeit gibt, ist bis heute nicht ganz geklärt. Vermutlich wollte man in den alten Zeiten den zum Tode Verurteilten gnädig stimmen, damit er nicht als hungriger Rachegeist von den Toten zurückkehrte. Außerdem ging es wohl darum, die armen Galgenvögel ordentlich abzufüllen, damit sie stillhielten. Seien Sie beruhigt, das habe ich mit Ihnen nicht vor …

Ich möchte Sie stattdessen mit diesem Kochbuch entführen in die Welt meiner Ahnen, in den Kosmos meiner Henkerstochter-Romane, und ja, auch in meine eigene Küche – und Ihnen zugleich zeigen, wie überaus wohlschmeckend die Gerichte der damaligen Zeit sein konnten. Henkersmahlzeiten, also das, was der Scharfrichter Kuisl, seine Tochter Magdalena oder ihr kaffeesüchtiger Mann Simon jeden Tag aßen, konnten nämlich echte Festessen sein, und das mit den einfachsten Mitteln. Gelegentlich stoßen Sie in meinen Rezepten auf Zutaten, die es damals noch nicht gab. Wenn Sie es ganz authentisch haben wollen, können Sie diese einfach weglassen. Alle Rezepte funktionieren auch ohne das moderne Beiwerk, wobei ich finde, man muss nicht päpstlicher sein als der Papst. Immerhin soll Kochen (und vor allem Essen!) ja Spaß machen.

Nun wünsche ich Ihnen, meine hochgeschätzten Leserinnen und Leser, Henkersknechte und Henkerstöchter, einen guten Appetit – und vor allem eine ruhige Hand beim Schneiden der Zwiebeln, beim Sieden, Rösten, Hacken und beim Köpfen der Lauchstängel!

Ihr leidenschaftlicher Hobbykoch und Henkersnachfahre

Oliver Pötzsch

Bei den einfachen Leuten

»Erst jetzt sah Magdalena draußen im Gang, wo sich die Kochstelle befand, eine Frau, die in einem Topf rührte. Sie war breit gebaut, alles an ihr wirkte ein wenig zu schwer und zu mächtig, beinahe überlebensgroß. [...] Die dicke Frau drückte dem kleinen Paul, der abwartend neben ihr stand, den Kochlöffel in die Hand und hob in gespielter Strenge den Finger.
›Rühr schön weiter!‹, befahl sie. ›Sonst brennt uns der Brei an, und die Schweine freuen sich über ein zweites Frühstück.‹«

(Aus: Die Henkerstochter und der Teufel von Bamberg)

Machen wir uns nichts vor: Das Essen, das die Kuisls und andere einfache Leute täglich auf den Tisch bekamen, war – zumindest auf den ersten Blick – ziemlich eintönig. Man aß, was das Feld und der eigene Garten hergaben. Und das waren Brot, Suppen, Bohnen und Kraut, Mehlspeisen und vor allem sehr, sehr viele unterschiedliche Breie – das sogenannte Mus. Das lag auch daran, dass den Leuten damals schon sehr früh die Zähne ausfielen, hartes Brot ließ sich so nicht mehr kauen. Die sämige Brotsuppe, wie sie heute noch in einigen ländlichen Gegenden gereicht wird, ist ein Überbleibsel dieser Zeiten. Ebenso nahrhaft war übrigens der Alkohol. Oft fing der Tag mit einer leckeren Biersuppe oder verdünntem Wein an, auch für die Kinder.

Frisches Fleisch gab es nur zu den Schlachtzeiten im Herbst, dazwischen höchstens Geflügel. Die jährliche Schlachtung des Hausschweins war jedes Mal ein großes Fest, dann gab es Blutsuppe, Schmalz und Gesottenes, man aß, bis man förmlich platzte. Der Rest wurde verwurstet und geräuchert in den Kamin gehängt, wo man sich den Rest des Jahres über bediente.

Anna-Maria Kuisl, die Frau des Schongauer Henkers, wird in ihrem Garten wohl schon vieles vorgefunden haben, was sie für ihre Küche brauchte: Zwiebeln, Bohnen, Karotten, Erbsen und Pastinaken ... Gebacken wurde auf den Bauernhöfen nur einmal die Woche, dann jedoch gleich mehrere Laibe. Der Brotofen lag wegen der Feuergefahr meist außerhalb des Hauses.

Da frisches Gemüse nur zur Erntezeit vorhanden war, war das eingemachte Kraut umso wichtiger. Nicht umsonst findet es sich in vielen Rezepten der damaligen Zeit, es stellte meist die einzige Vitaminzufuhr dar. Gewürzt wurde mit den heimischen Kräutern, mit Kümmel, Dill und Petersilie. Es brauchte schon eine gute Köchin und vor allem viel Zeit, um aus den einfachen Zutaten schmackhafte, abwechslungsreiche Gerichte zu zaubern! Meine Vorfahren haben das sicher gekonnt, wie Sie an den folgenden Rezepten sehen können.

Übrigens: Da Scharfrichter pro Hinrichtung bezahlt wurden, wird es wohl bei den Kuisls kurz nach dem Gang zum Schafott besonders hoch hergegangen sein – eine ganz besondere Art der Henkersmahlzeit ...

Hafergrützmus für brave Scharfrichter-Enkel

Nicht nur Kuisls Enkel Peter und Paul werden diese Mahlzeit wohl geliebt haben! Heutzutage hat die Hafergrütze als Powerfood-Porridge ihren Siegeszug in deutschen Küchen angetreten. Dabei war der Haferbrei früher ein klassisches Arme-Leute-Essen. Wenn die Bauern ihr Getreide zur Mühle brachten, blieb sogenanntes grobes Breimehl übrig, das weniger zum Backen taugte. Für die meisten Menschen fing jeder Tag mit einem sogenannten Mus an. Das konnte aus unterschiedlichen Getreidearten bestehen.

Meinen Kindern habe ich jahrelang eine Portion Hafergrützmus (oder eben Porridge) zum Frühstück gekocht, es hält lange vor, ist günstig, süß und trotzdem sehr gesund! Das Original wird übrigens mit Wasser zubereitet, aber ich finde es mit Milch viel leckerer. Hier also mein eigenes Rezept, das sich sicher nicht sehr von dem meiner Vorfahren unterscheidet …

FÜR 2 HENKERSENKEL

- 1EL Butter
- 8–9 gehäufte EL Haferflocken
- 2 Prisen gemahlener Kardamom
- 1 große Tasse Milch
- 2 Prisen Salz
- 1 Schuss Sahne
- Honig nach Belieben
- evtl. gemahlener Zimt

1. Butter in einem kleinen Topf zerlassen, Haferflocken und Kardamon hinzugeben und leicht anrösten, bis die Mischung zu duften beginnt.
2. Milch zugießen und Mischung unter Rühren so lange kochen, bis ein sämiger Brei entsteht.
3. Salz und Sahne einrühren, ggf. etwas Milch nachgießen, wenn die Masse zu dick wird.
4. Mus mit Honig süßen, in Schüsseln anrichten und evtl. mit Zimt bestreuen.

TIPP: Dazu passen Joghurt, frische Früchte oder Apfelmus. Wer will, kann klein gehackte Äpfel oder Birnen mit den Haferflocken anrösten oder während des Kochens eine halbe zerdrückte Banane zugeben. Gut schmecken auch Walnüsse oder Beeren, die man am Ende auf das Porridge streut. So entsteht jeden Tag ein neues leckeres Gericht.

Onkel Barthls Zwiebelsuppe

Zwiebeln waren das Gemüse der armen Leute, sie wuchsen in jedem Garten und dienten roh gegessen als wichtige Vitaminquelle. Die Wunderknolle enthält schließlich viel Vitamin C, aber auch Kalium, Phosphor und Selen, das als Anti-Aging-Mittel gilt. Außerdem sollen Zwiebeln antiviral und antibakteriell wirken. Der echte Jakob Kuisl ist mit 83 Jahren für damalige Verhältnisse sehr alt geworden. Vielleicht weil er viele Zwiebeln aß? Namenspatron für folgendes Rezept ist Kuisls Bruder Bartholomäus, der Bamberger Scharfrichter in meinen Romanen.

Für 4 Suppenkasper

- 4–5 mittelgroße Zwiebeln (etwa 500g)
- 2EL Butter
- 1 gehäufter EL Mehl
- 150ml trockener Weißwein
- je 1 gestrichener TL Kümmel und getrockneter Thymian
- 800ml Gemüsebrühe (siehe Seite 16 oder aus Pulver bzw. Brühwürfeln)
- Salz, Pfeffer
- 4 Scheiben altes Weißbrot
- 1 Knoblauchzehe
- 100g kräftiger Käse (z.B. Gruyère oder alter Gouda)

1. Die Zwiebeln schälen, halbieren und in Streifen schneiden. Butter in einem Topf schmelzen und die Zwiebeln darin leicht glasig dünsten. Das Mehl darüberstreuen und kurz anbräunen. Achtung, nicht anbrennen lassen!
2. Zwiebeln mit dem Weißwein ablöschen und die Flüssigkeit kurz einkochen lassen. Kümmel und Thymian hinzugeben.
3. Die Brühe angießen und Suppe ca. 10 Minuten bei geringer Hitze köcheln lassen. Dann mit Salz und Pfeffer abschmecken.
4. Den Backofen auf 180°C Umluft vorheizen.
5. Das Brot toasten oder im Ofen rösten. Knoblauchzehe schälen, halbieren und die Brotscheiben damit einreiben. Den Käse reiben.
6. Suppe auf 4 feuerfeste Schüsseln verteilen, jeweils 1 Scheibe Brot darauflegen und mit Käse bestreuen. Wenn die Scheibe nicht in die Schüssel passt, entsprechend zuschneiden. Suppe im Ofen so lange überbacken, bis der Käse geschmolzen ist.

TIPP: Zu der Zwiebelsuppe trinkt Onkel Barthl den gleichen Weißwein, den er zum Kochen verwendet hat. Gerne aus dem schönen Frankenland!

Anna-Marias Gemüsebrühe

Die wichtigste Nahrungsquelle der armen Leute war sicher neben dem Feld mit seinem Korn der sogenannte Krautgarten, der vor jeder noch so kleinen Hütte angelegt war. Hier gedieh unterschiedliches Gemüse wie Zwiebeln, Lauch, Knoblauch, Karotten, Kohl oder Sellerie.

Auch Jakob Kuisls Frau Anna-Maria besitzt in meinen Romanen so einen Garten, in den ersten Büchern der Reihe taucht er immer wieder auf. Die Henkersgattin zaubert aus ihrem Wurzelgemüse eine Brühe, die an kalten Tagen die nötige innere Wärme schafft. Mein Rezept stammt von meinem Vater, der dafür Olivenöl nimmt. Sie können stattdessen auch Butterschmalz verwenden, dann ist es authentischer!

Für 1 Topf Gemüsebrühe

- 1 große Zwiebel
- 4 mittelgroße Karotten
- 2 Knoblauchzehen
- 1 Knollensellerie
- 1 Stange Lauch
- 1 Bund Petersilie
- 50ml Olivenöl (oder 2EL Butterschmalz)
- 1 Glas trockener Weißwein
- ca. 1½l heißes Wasser
- je 1TL Kümmel und getrockneter Thymian
- Salz, Pfeffer aus der Mühle nach Belieben
- 1 Lorbeerblatt
- geriebener Parmesan nach Belieben

1. Die Zwiebel mit Schale halbieren. Das restliche Gemüse putzen, waschen oder schälen und klein würfeln. Petersilie waschen und hacken.
2. Öl in einem großen Topf heiß werden lassen, die Zwiebelhälften mit den Schnittflächen nach unten hineinlegen und gut anbraten (die Röstaromen sind für den Geschmack der Brühe wichtig).
3. Jetzt das restliche Gemüse zugeben und kurz anbraten, dabei die Zwiebelhälften nicht wenden.
4. Mit dem Weißwein ablöschen, das heiße Wasser, Kümmel, Thymian, 1TL Salz, Pfeffer, Petersilie und das Lorbeerblatt hinzugeben und Brühe zum Kochen bringen. Temperatur reduzieren und Suppe etwa 1 Stunde ganz leicht köcheln lassen, dabei nicht umrühren. Mit einem Löffel immer wieder den Schaum von der Oberfläche abschöpfen.
5. Topf vom Herd nehmen, Brühe mit Salz und Pfeffer abschmecken und mit geschlossenem Deckel mindestens 30 Minuten ziehen lassen. Dann die Zwiebelhälften und das Lorbeerblatt herausnehmen.
6. Suppe mit dem Gemüse als Minestrone servieren oder durch ein Sieb abseihen, um eine klare Brühe zu erhalten. Die Minestrone mit reichlich Parmesan bestreuen.

TIPP: Die abgeseihte klare Brühe dient als Zutat für viele Rezepte in diesem Kochbuch. Bereiten Sie also ruhig mehr davon zu und frieren Sie sie ein! In gut verschlossenen Gläsern hält sie sich auch ca. 2 Wochen im Kühlschrank.

Geschupfte Nudeln mit gekümmeltem Kraut und Speck

Dieses Gericht ist das Lieblingsessen von Jakob Kuisls Enkel Paul, der im achten Band der Reihe ja eine Lehre bei seinem Großvater beginnt. Es ist äußerst nahrhaft, danach lässt sich hervorragend der Folterkeller aufräumen und der blutige Schinderkarren schrubben. Auch meine Tochter Lily liebt die Nudeln! Als Vegetarierin lässt sie jedoch den Speck weg.

Nudeln und Kraut standen damals fast täglich auf dem Speiseplan, das Geräucherte wird es allerhöchstens am Sonntag gegeben haben. Die Nudeln machte man natürlich selbst. Man rollte den Teig auf einem eingemehlten Brett aus und »schupfte« mit dem Messer kleine Teigwürmchen ins kochende Wasser. Meine geschupften Nudeln sind eigentlich Spätzle, weil ich auch Eier verwende. Ich nehme für die Zubereitung zudem eine sogenannte Spätzlepresse, das ist einfacher. Außerdem sieht das Ding passenderweise fast aus wie ein Folterinstrument. Es gibt sie recht günstig in fast jedem Supermarkt zu kaufen.

FÜR 4 HUNGRIGE HENKER

- 3 Eier
- Salz
- 50ml warmes Wasser
- 250g Weizenmehl
- 1EL Butterschmalz (oder Butter)
- 150g geräucherter Speck
- 1 mittelgroße Dose Sauerkraut (ca. 600g)
- Pfeffer und Kümmel nach Belieben (Ich bin Kümmel-Fanatiker! Ist auch gut für die Verdauung.)

1. Die Eier, 1 gestrichenen TL Salz und das warme Wasser in einer Schüssel mit einem Schneebesen verquirlen.
2. In einem großen Topf reichlich Wasser mit 1EL Salz zum Kochen bringen.
3. Währenddessen nach und nach das Mehl zur Eiermasse geben und mit einem hölzernen Kochlöffel einrühren, bis ein fester, aber noch fließfähiger Teig entsteht.
4. Teig portionsweise in die Spätzlepresse füllen, in das kochende Salzwasser drücken und ca. 5 Minuten kochen, bis die Spätzle nach oben steigen. Dann Spätzle mit einem Schaumlöffel herausheben, in ein Sieb geben und kurz mit kaltem Wasser abschrecken.
5. Butterschmalz in einer großen Pfanne zerlassen. Den Speck in kleine Würfel schneiden und darin anbraten.
6. Die Spätzle hinzugeben und kurz mitbraten.
7. Sauerkraut, Pfeffer und Kümmel unterheben, alles 10 Minuten bei geringer Hitze dünsten und zum Schluss mit Salz abschmecken.

TIPP: Mit dem Spätzle-Grundrezept können Sie natürlich auch Käsespätzle machen. Dazu halbe Zwiebelringe in einer großen Pfanne mit viel Butter anbräunen, bis sie leicht süßlich schmecken. Spätzle und geriebenen Käse (z.B. Gouda oder Gruyère) hinzugeben, vermischen, in eine gefettete Auflaufform füllen und im Ofen überbacken.

Henkers Leibspeise: Eintopf mit Hammelfleisch und Rüben

Henker wurden nach Leistung bezahlt, gelegentlich auch in Naturalien. Im ersten Teil der Henkerstochter-Saga erzähle ich, wie Jakobs Vater nach einer Hinrichtung mit einem besonders großen Stück Hammelfleisch heimkommt. Auch in einigen Gasthäusern der Saga wird das folgende Gericht gelegentlich serviert. Simon beispielsweise löffelt den Eintopf im Schongauer »Semer-Wirt«. Hammelfleisch war zäh, man musste es deshalb lange kochen – daher der Eintopf, der oft den ganzen Tag lang über dem Feuer blubberte. Für mein Rezept verwende ich zarteres Lammfleisch, das geht schneller und schmeckt besser. Der Eintopf schmeckt übrigens am besten aufgewärmt am nächsten Tag!

FÜR 4 HUNGRIGE HENKER

- 750g Lammfleisch
- 300g Zwiebeln
- 2 Knoblauchzehen
- 5 Karotten
- 2EL Butterschmalz
- 3EL Mehl
- 2EL Tomatenmark
- 375ml trockener Rotwein (etwa ½ Flasche)
- je 1TL Salz, Kümmel, Wacholderbeeren, getrockneter Rosmarin, Fenchelsamen und Pfeffer
- 1 Lorbeerblatt
- 250ml heißes Wasser

1. Lammfleisch in mundgerechte Stücke schneiden. Zwiebeln und Knoblauch schälen und grob hacken. Karotten putzen, waschen und in Scheiben schneiden.
2. Butterschmalz in einem Schmortopf zerlassen und das Fleisch darin rundum braun braten.
3. Zwiebeln und Knoblauch zugeben und kurz anbraten.
4. Mehl und Tomatenmark untermischen und unter Rühren leicht anbräunen (nicht anbrennen lassen!).
5. Mit der Hälfte des Rotweins ablöschen und Flüssigkeit etwas einkochen lassen.
6. Gewürze in einem Mörser möglichst fein zerdrücken, mit den Karottenscheiben und dem Lorbeerblatt hinzugeben und das heiße Wasser angießen.
7. Eintopf mindestens 1½ Stunden köcheln lassen, besser länger, dabei immer wieder Rotwein und ggf. auch Wasser zugießen und einkochen lassen. Zwischendurch immer wieder umrühren.
8. Noch mal mit Salz abschmecken und das Lorbeerblatt herausnehmen. Der Eintopf ist fertig, wenn sich die Zwiebeln nahezu aufgelöst haben und das Fleisch butterweich ist.

TIPP: Sie können den Schmortopf auch für 1 ½ Stunden zugedeckt bei 180°C Umluft in den Ofen stellen, dann sparen Sie sich das Umrühren.

Zum Eintopf passen Rotwein und frisches Brot, dessen Rezept Sie auch in diesem Kochbuch finden (siehe Seite 34).

Süßer Mehlmusauflauf aus dem Schwabenländle

Mus oder Suppen aus Mehl waren früher die tägliche Speise der einfachen, ungebildeten Leute. Nicht umsonst sagt man von einer eher unbedarften Person in Bayern noch heute, sie sei »auf der Brennsuppn dahergeschwommen«. Dass Mehlmus auch sehr lecker schmecken kann, zeigt folgendes Rezept. Ich habe es in einem Kochbuch über oberschwäbische Gerichte im Barock gefunden und war davon sehr angetan. Zugegeben, »Mehlmus« klingt erst mal ein wenig gewöhnungsbedürftig und nicht sehr schmackhaft, aber meine Testesser waren begeistert. Mit Kompott eine klasse Nachspeise! Auch die Kuisl-Kinder haben dieses Gericht bestimmt öfter genossen.

FÜR 5 BAROCKE NASCHKATZEN

- 1l Milch
- 1 Vanilleschote
- abgeriebene Schale von 1 Bio-Zitrone
- 1 Prise Salz
- 300g Weizenmehl
- 5 Eier
- 60g weiche Butter plus mehr für die Form
- 80g Zucker
- 1 Päckchen Vanillezucker

1. 500ml Milch in einen großen Topf gießen. Die Vanilleschote mit einem Messer aufschlitzen und das Mark herauskratzen. Vanillemark, Zitronenschale und Salz zur Milch geben und Milch zum Kochen bringen. (Nun gut, Zitrone und Vanille haben die Kuisls sicher nicht gehabt, aber es schmeckt einfach besser!)
2. Die restliche Milch in eine Schüssel füllen, das Mehl einstreuen und mit einem Schneebesen klumpenfrei verrühren. Mischung in die kochende Milch gießen. Alles 10 Minuten unter Rühren köcheln lassen, bis eine dickliche Masse entsteht. Topf vom Herd nehmen und Mus lauwarm werden lassen (keine Angst, das sieht seltsam aus und schmeckt auch noch nicht, aber warten Sie ab …).
3. Den Backofen auf 160°C Umluft vorheizen.
4. Die Eier in Eiweiß und Eigelb trennen und jeweils in eine Schüssel geben.
5. Butter, Zucker und Vanillezucker zum Eigelb hinzufügen, mit dem Schneebesen schaumig rühren und dann mit dem nicht mehr heißen Mehlbrei vermischen.
6. Das Eiweiß mit dem Handmixer sehr steif schlagen und unterheben.
7. Masse in eine gefettete Auflaufform füllen und 45 Minuten im Ofen backen.

TIPP: Dazu passen Apfelmus, Kirsch- oder Zwetschgenkompott und auch Zimt!

Geschmälzte Brotsuppe

Nur einmal in der Woche wurde damals Brot gebacken, von Tag zu Tag wurde es härter. Doch weggeworfen oder an die Hühner verfüttert wurde dieses wertvolle Lebensmittel nie. So ist wohl die Brotsuppe entstanden, die es in unterschiedlichen Varianten auf der ganzen Welt gibt. Denken Sie nur an die köstliche toskanische Ribollita! Das folgende Rezept stammt von meiner Urgroßmutter Ani – und ich hoffe, auch der alte Kuisl hätte seine Freude daran gehabt. Vermutlich waren seine Zähne in den letzten Jahren nicht mehr die besten, auch wenn er natürlich noch immer ziemlich bärbeißig rüberkam.

FÜR 4 ALTE ZAHNLOSE ESSER ODER 4 HUNGRIGE JUNGSPUNDE

- 1l Gemüsebrühe (siehe Seite 16 oder aus Pulver bzw. Brühwürfeln)
- 1 Bund Lauchzwiebeln
- 2 Schalotten
- 2 alte Brötchen (oder 4 Scheiben altes Brot)
- 3EL Butterschmalz
- etwa 4TL getrockneter Majoran
- Salz, Pfeffer

1. Die Brühe in einem Topf erhitzen.
2. Währenddessen Lauchzwiebeln putzen und waschen, Schalotten schälen und beides sehr klein hacken. Die Brötchen oder die Brotscheiben in etwa 1cm große Würfel schneiden.
3. Butterschmalz in einer Pfanne zerlassen und Lauchzwiebeln und Schalotten darin anbraten, dann die Brotwürfel zugeben und kross braten.
4. Brotwürfel, Lauchzwiebeln und Schalotten auf 4 Teller verteilen, reichlich Majoran darüberstreuen (ca. 1TL pro Teller) und alles mit der Brühe übergießen.
5. Salz und Pfeffer zum Würzen am besten auf den Tisch stellen.

TIPP: Die gerösteten Brotwürfel eignen sich auch gut als Zutat für einen knackigen Salat!

Linseneintopf mit Suppengrün

Weil Fleisch Mangelware war, mussten die Proteine eben auf andere Weise her. Oft standen deshalb Bohnen und Linsen auf dem Speiseplan – mit den berüchtigten Folgen. Aber spätestens seit Luther wissen wir ja, dass das »Forzen« zum guten Ton gehört und gesund ist. An den Tischen der Menschen damals ist es derb zugegangen, sicher auch bei den Kuisls. Da man mit den Tieren unter einem Dach wohnte und der Stall oft gleich an die Stube grenzte, nahm man es mit den Gerüchen und Geräuschen ohnehin nicht so genau. Davon abgesehen ist so ein Linseneintopf natürlich sehr lecker! Dieses Rezept stammt aus dem Mittelalter, ich habe es aber ein wenig verfeinert. Sie können Linsen aus der Dose nehmen, aber ich rate zu den getrockneten, weil die Dosenlinsen meist einen speziellen Eigengeschmack haben.

FÜR EINE 4-KÖPFIGE BAUERNFAMILIE

- 250g getrocknete Tellerlinsen (oder ca. 800g Linsen aus der Dose)
- 1 große Zwiebel
- 2 Knoblauchzehen
- 1 Bund Suppengrün
- 1EL Zucker
- 50ml Aceto balsamico (oder ein milder Essig)
- 2EL Butterschmalz
- je 1TL Kümmel und Fenchelsamen
- 750ml (bei Dosenlinsen) bzw. 250ml Gemüsebrühe (siehe Seite 16 oder aus Pulver bzw. Brühwürfeln)
- Salz, Pfeffer

1. Linsen in ein Sieb geben, spülen, abtropfen lassen und über Nacht in einer Schüssel mit reichlich Wasser einweichen (es gibt auch Linsen, die man nur 30 Minuten oder gar nicht einweichen muss; das steht auf der Packung). Nach dem Einweichen Linsen in ein Sieb abgießen.
2. Zwiebel und Knoblauch schälen und klein hacken. Suppengrün waschen und in kleine Würfel schneiden.
3. Den Zucker in einen Topf geben und erhitzen, bis er sich auflöst, dann mit dem Essig ablöschen.
4. Butterschmalz, Knoblauch und Zwiebeln zufügen und glasig dünsten.
5. Kümmel und Fenchelsamen in einem Mörser zerdrücken, in den Topf streuen und kurz anbraten.
6. Suppengrün, Linsen und ⅔ der Brühe zugeben und ca. 45 Minuten köcheln lassen. (Bei Linsen aus der Dose reichen 15 Minuten.) Dabei immer wieder Brühe und ggf. etwas Wasser nachgießen. Linsen vor dem Servieren mit reichlich Salz und Pfeffer abschmecken.

TIPP: Zu dem Eintopf passen gut Wiener Würstchen und deftiges schwarzes Bauernbrot!

Bei den Patriziern

»Magdalena lehnte an der Wand zwischen zwei mannshohen Porzellanvasen und beobachtete von dort aus die Gesellschaft. Die Henkerstochter trug ein enges Mieder mit weit ausgeschnittenem Dekolleté, darüber eine samtrote, mit Pelz verzierte Jacke und einen dazu passenden Reifrock. [...] Wenn sie ging, um sich geräucherten Aal oder Quittenpastete von der reichlich gedeckten Tafel zu holen, hatte sie stets das Gefühl, auf Eiern zu laufen. Unter all den Schichten von Kleidern fiel ihr das Atmen schwer. Wie konnten sich die sogenannten feinen Damen nur jeden Tag in solche Kostüme zwängen!«

(Aus: Die Henkerstochter und der König der Bettler)

Statussymbole ändern sich: Was heutzutage die Yacht, die Villa am Gardasee und der Porsche sind, war damals das Bankett. Je mehr verspielte, ja teils bizarre Menügänge es gab, desto reicher und mächtiger war der Gastgeber … Aus riesigen Pasteten flogen lebende Tauben oder krabbelten gar leibhaftige Musiker, in einem Weinteich schwammen kleine Fische, es gab Zuckerschlösser und Eisskulpturen, bei einem Leichenschmaus konnte der Verstorbene schon mal als Grabplastik in Marzipan auf dem Tisch stehen.

Das Rülpsen und Furzen bei Tisch, wie es noch Martin Luther 100 Jahre früher gefordert hatte, verschwand langsam. Die Tischsitten verfeinerten sich. Eine Gabel wird die Henkerstochter Magdalena jedoch eher selten gesehen haben, diese setzte sich erst nach und nach in den oberen Ständen durch. Für die Kirche galt die sogenannte Forke noch lange als Werkzeug des Teufels!

Da die Jagd dem Adel vorbehalten war, wurde bei den Baronen, Grafen und Freiherren hauptsächlich Wild gegessen: Hirsche, Rehe, Wildschweine, Fasane, aber auch Gemsen und Biber, die wegen ihrer Schwänze zu den Wassertieren zählten und deshalb zur Fastenzeit verspeist werden durften. Wenn das Fleisch schon älter war, sprach man vom »Hautgout«, den man mit ordentlich Senf übertünchte. Exotische Gewürze wie Muskat, aber auch Pfeffer, Nelken und Safran wurden mit Gold – und auch mit Blut – aufgewogen. Im Jahre 1621 zum Beispiel eroberten die Niederländer die Banda-Inseln in Indonesien im Kampf für das weltweite Muskat-Monopol. Tausende Einheimische wurden dafür niedergemetzelt.

Nach und nach setzte sich das Bürgertum vom protzenden Adel ab. Die Essensfolge wurde weniger prunkvoll, die Fleischberge nahmen ab, ebenso die Menge an Gewürzen. Ein geschminkter venezianischer Gesandter wie Silvio Contarini, den Henkerstochter Magdalena in Regensburg kennenlernt und der sie zum Bankett des städtischen Kämmerers mitnimmt, ist da beinahe schon ein Exot.

Coq au Vin

Die französische Küche galt auch schon zu Kuisls Zeiten als die feinere. Dabei heißt Coq au Vin im Grunde nur Huhn im Wein, aber es klingt halt besser auf Französisch … Dieses Rezept geht angeblich auf Julius Cäsar zurück, meine Kinder haben es früher (als sie noch keine Vegetarier waren) geliebt. Im zweiten Band der Henkerstochter-Saga serviert es der Wessobrunner Abt Bernhard Gering, der in meinem Roman an der Sorbonne in Paris studiert hat, dem Medicus Simon. Ich habe das alte Rezept ein wenig abgeändert und mit den Tomaten modernisiert, aber im Grunde ist es seit 2.000 Jahren das gleiche Gericht.

FÜR 4–5 PATRIZIER

- 1 großes Huhn (ca. 1½kg)
- 1 Bund Suppengrün (Karotten, Lauch, Sellerie, Petersilie)
- 250g Champignons
- 1EL Butterschmalz
- 125g durchwachsener Speck in dünnen Scheiben
- 10 Schalotten
- 2 gestrichene EL Mehl
- 1 Flasche trockener Rotwein (750ml)
- je 2 Zweige frischer Thymian und Rosmarin (oder 2TL getrocknete Herbes de Provence)
- 1 Dose Tomaten (ca. 400 g)
- 1TL Zucker
- Salz, Pfeffer

1. Das Huhn halbieren, die Flügel abtrennen und die Hälften in Brust und Keulen teilen. Das Suppengrün waschen und klein hacken. Die Pilze säubern und in dünne Scheiben schneiden.
2. Butterschmalz in einem großen Schmortopf schmelzen und die Speckscheiben darin anbraten. Die Hühnerteile dazugeben und braten, bis sie leicht gebräunt sind.
3. Die Schalotten schälen und ganz dazugeben. Das gehackte Gemüse und die Pilze untermischen. Das Mehl darüberstäuben und anbräunen.
4. Mit der Hälfte des Weins ablöschen.
5. Kräuter waschen, von den Stielen lösen, hacken und mit Tomaten und Zucker einrühren. Vorsichtig mit Salz und Pfeffer würzen (lieber später noch etwas mehr zugeben).
6. Coq au Vin mindestens 1 Stunde schmoren lassen, dabei immer wieder Wein und ggf. heißes Wasser zugießen.
7. Hühnchenteile aus dem Topf nehmen. Das Gemüse in ein Sieb abgießen, dabei den Fond auffangen. Fleisch und Gemüse warm stellen.
8. Den Fond in einem Topf etwas einkochen lassen, mit Salz abschmecken und über die Hühnchenteile gießen. Mit dem Gemüse servieren.

TIPP: Dazu passt natürlich am besten Rotwein, außerdem selbst gebackenes Brot (siehe Seite 34) oder selbst gemachte Nudeln (siehe Seite 18).

Braumeisters Rehrücken

Großwild war im Mittelalter dem Adel vorbehalten, nur er hatte das Jagdrecht. Auf Wilderei stand die Todesstrafe, und so werden meine Vorfahren wohl auch den einen oder anderen armen Bauern gehängt haben, der mit der Jagd seine hungernde Familie ernähren wollte. Für die Henkerstochter Magdalena muss so eine Rehkeule, wie sie im Haus von Doktor Malachias Geiger im siebten Teil der Saga aufgetischt wird, ein echter Leckerbissen gewesen sein. Früher sprach man viel vom »Hautgout«, dem ganz bestimmten Geruch, den das Wildbret nach ein paar Tagen verströmte. Man kann aber auch sagen: Das Fleisch stank. Heute ist das dank moderner Kühlung nicht mehr der Fall. Ein Freund von mir ist Jäger, und wir bekommen unser Wildbret immer frisch, ganz ohne strenges Aroma ...

FÜR 4–6 PATRIZIER

Für den Rehrücken:

- 1½–2kg Rehrücken
- 3 Wacholderbeeren
- ½TL getrockneter Thymian
- Salz
- 50g Butterschmalz
- 8 Speckscheiben
- 250ml Fleischbrühe
- 5EL saure Sahne
- 125ml Wasser
- 1TL Speisestärke
- 1EL Johannisbeergelee

1. Den Rehrücken kalt abwaschen, mit Küchenpapier trocken tupfen und häuten (die dünne weiße Oberhaut muss weg, dafür braucht man ein sehr scharfes Messer).
2. Für die Marinade die Zwiebeln schälen, in dünne Scheiben schneiden und mit den Gewürzen, dem Essig und dem Wasser in einen Topf geben und zum Kochen bringen.
3. Topf vom Herd nehmen, den Rotwein hinzugeben und Mischung abkühlen lassen.
4. Den Rehrücken in ein großes Gefäß (evtl. eine Reine) legen und mit der Marinade übergießen; das Fleisch muss damit bedeckt sein (evtl. doppelt so viel Marinade zubereiten).
5. Fleisch an einem kühlen Ort oder im Kühlschrank 1–2 Tage marinieren, dabei mindestens einmal wenden.
6. Danach Rehrücken aus der Marinade heben und mit Küchenpapier trocken tupfen. Die Wacholderbeeren in einem Mörser zerdrücken und das Fleisch mit den zerriebenen Beeren und dem Thymian einreiben. 30 Minuten ruhen lassen, dann die Gewürze wieder abreiben, damit sie beim Braten nicht verbrennen. Anschließend das Fleisch mit ½TL Salz einreiben.
7. Den Backofen auf 180°C Umluft vorheizen.
8. Butterschmalz in einer Bratreine schmelzen und den Rehrücken darin von allen Seiten bräunlich anbraten.
9. Den Rehrücken mit den Speckstreifen belegen, die Reine in den Ofen schieben und Fleisch nach 45 Minuten mit ½ Tasse heißer Brühe übergießen.
10. Nun alle 10 Minuten mit Brühe übergießen, nach 30 Minuten die Speckstreifen vom Braten nehmen und in die Reine legen.

Für die Marinade:

- 2 Zwiebeln
- 4 Pfefferkörner
- 3 Pimentkörner
- 4 Wacholderbeeren
- ½TL getrockneter Thymian
- 1 Lorbeerblatt
- 2EL Essig
- 125ml Wasser
- 500ml Rotwein (muss nicht der beste sein)

11. Braten mit 3EL saurer Sahne bestreichen und ca. 15 Minuten weiterbraten, bis er außen braun und innen noch rosa ist. (Dafür kann man auch – historischer Frevel, aber sehr brauchbar – ein Bratenthermometer verwenden. Medium ist das Fleisch bei einer Kerntemperatur von 54–58°C.)
12. Fleisch mit Alufolie bedecken und im abgeschalteten Ofen 15 Minuten ruhen lassen.
13. Fleisch rausnehmen, den Bratenfond mit der restlichen Brühe in einen Topf geben, Wasser und 125ml der abgeseihten Marinade zugießen und aufkochen.
14. Speisestärke in einer Tasse mit der restlichen sauren Sahne verrühren, die Soße damit binden und aufkochen lassen. Soße mit dem Johannisbeergelee und evtl. Salz abschmecken.
15. Den Rehrücken tranchieren (also in Stücke schneiden) und die Soße darübergießen.

TIPP: Dazu passen Blaukraut, Knödel und die geschupften Nudeln aus diesem Kochbuch (siehe Seite 18) – mmh!

Feines Brot auf welsche Art

Brot aus Weizenmehl gab es nur bei den reichen Leuten, also bei Adligen, Patriziern und der oberen Bürgerschicht. Henkerstochter Magdalena lernt dieses Brot im zweiten Band der Saga beim Augsburger Scharfrichter Philipp Hartmann kennen. Als einer der wenigen Henker gelingt es Hartmann später, das Bürgerrecht zu erlangen. Mein Rezept ist im Grunde eine Art italienisches Focaccia (Italiener hießen damals Welsche). Das Brot ist der Renner auf jeder Party, auch ganz ohne Patrizier.

Für 4 kleine Brote

- 500g Weizenmehl plus mehr für die Arbeitsfläche
- 25g frische Hefe (etwas mehr als ½ Würfel; oder 1 Päckchen Trockenhefe)
- 1TL Zucker
- ca. 250ml lauwarmes Wasser
- 2TL feines Salz
- 75ml Olivenöl
- 2 Knoblauchzehen
- frischer Rosmarin und Thymian
- getrocknete Chilischoten nach Belieben
- 2TL grobes Salz

1. Mehl in eine Schüssel geben und eine Mulde in die Mitte drücken. Die frische Hefe in die Mulde bröseln, mit dem Zucker bestreuen und mit 5EL lauwarmem Wasser und etwas Mehl zu einem kleinen Vorteig anrühren. Die Schüssel mit einem Küchentuch abdecken und Vorteig 10 Minuten gehen lassen. (Die Trockenhefe kann einfach so mit den Zutaten vermischt und ohne Vorteig verarbeitet werden.)
2. Danach den Vorteig mit dem ganzen Mehl und dem feinen Salz mit der Hand oder einem Kochlöffel vermischen. ⅔ vom Öl und so viel lauwarmes Wasser zugießen, bis ein knetfähiger Teig entsteht. Falls der Teig zu klebrig ist, noch mehr Mehl zufügen. Teig mindestens 5 Minuten kräftig kneten und dann 45 Minuten zugedeckt an einem warmen Ort ohne Zugluft gehen lassen.
3. Den Teigballen in 4 Portionen teilen und diese auf einer bemehlten Arbeitsfläche jeweils gut und lange (!) mit den Händen durchkneten. Dann 4 längliche Brote daraus formen und auf einem mit Backpapier belegten Backblech weitere 45 Minuten an einem warmen und zugfreien Ort gehen lassen.
4. Währenddessen den Backofen auf 200°C Umluft vorheizen.
5. Knoblauch schälen und Kräuter waschen. Kräuter, Chilischoten und Knoblauch klein hacken und in einer Schüssel mit dem restlichen Olivenöl vermischen. Mit dem Finger kleine Mulden in die Brote drücken und die Mischung darin verteilen. Das grobe Salz darüberstreuen.
6. Brote ca. 30 Minuten im Ofen backen, bis sie knusprig und goldbraun sind. Aus dem Ofen holen, kurz auskühlen lassen und am besten noch warm zu Bier oder Wein anbieten.

Böfflamott

Der Name für diesen Klassiker ist vermutlich erst über 100 Jahre nach Scharfrichter Kuisl entstanden. Als die Bayern mit Napoleon zusammen in den Krieg zogen, brachten die Franzosen nämlich auch ihre leckeren Rezepte mit. Das »Boeuf à la Mode« (also das Rindfleisch nach neuester Art) sprachen die Bayern eben »Böfflamott« aus. Ähnliche Zubereitungen hat es aber schon zu Kuisls Zeiten gegeben. In diesem Rezept von meinem Vater fällt das langwierige Marinieren weg, es ist eigentlich ganz einfach. Dafür muss das Fleisch jedoch sehr lange im Ofen schmoren.

FÜR EINE GRÖßERE HENKERSSIPPE VON 6–8 PERSONEN

- 2kg flache Rinderschulter
- 2 Zwiebeln
- 60g Zucker
- 70ml Aceto balsamico
- 2EL Tomatenmark
- 1–2 Flaschen Rotwein (nicht der teuerste; 750–1.500ml)
- ca. 1l Gemüsebrühe (siehe Seite 16 oder aus Pulver bzw. Brühwürfeln)
- Salz, Pfeffer
- 1 gehäufter TL Ras el-Hanout nach Belieben

1. Weiße Haut der Rinderschulter mit einem scharfen Messer entfernen und das Fleisch einige Male einschneiden.
2. Zwiebeln schälen und grob hacken.
3. Backofen auf 190°C Ober-/Unterhitze vorheizen.
4. Zucker in einem Schmortopf unter Rühren erhitzen, bis er sich aufgelöst hat. Mit Essig ablöschen, das Tomatenmark einrühren und Flüssigkeit kurz einkochen.
5. Fleisch und Zwiebeln in den Topf geben, so viel Rotwein und Brühe zugießen, bis das Fleisch ganz damit bedeckt ist. Den Deckel auflegen und das Fleisch mindestens 3 (!) Stunden im Ofen garen, bis es butterzart ist und fast zerfällt.
6. Den Deckel abnehmen und alles weitergaren, bis die Soße etwa um die Hälfte reduziert ist.
7. Soße mit Salz, Pfeffer und Ras el-Hanout würzen. (Die orientalische Gewürzmischung hatten die Kuisls sicher nicht, sie passt aber hervorragend.)
8. Fleisch in Scheiben schneiden, mit der Soße übergießen und servieren.

TIPP: Am besten passen selbst gemachte Spätzle dazu (siehe Seite 18).

Forelle nach Henkerstochter Art

Zu Magdalenas Zeiten gab es im Lech noch jede Menge Bachforellen, und sicher haben ihre Söhne Peter und Paul gerne unten in den Lechauen gefischt. Auf diese Weise hatten die Kuisls dann ein wahres Festessen auf dem Tisch, wie es auch Patrizier nicht besser haben konnten! Heute stehen Bachforellen aus dem Lech auf der roten Liste, so ändern sich die Zeiten … Aber bestimmt bekommen Sie irgendwo bei sich in der Gegend noch ein paar frische Exemplare dieser Delikatesse. Im Gegensatz zur Forelle »Müllerin Art« verwendet Magdalena übrigens Rosmarin statt Petersilie.

FÜR 4 LECHFLÖßER

- 4 Bachforellen
- Saft von 1 Zitrone
- 1TL Salz
- 4 frische Rosmarinzweige
- 1 Bio-Zitrone
- ca. 2 Tassen Mehl
- 4EL Butter

1. Forellen innen und außen gut abwaschen.
2. Zitronensaft in einer kleinen Schüssel mit dem Salz vermischen, einen der Rosmarinzweige als Pinsel nehmen und die Fische nun innen und außen mit dem Zitronen-Salz-Gemisch einstreichen. Fische 30 Minuten zugedeckt ziehen lassen.
3. Die Bio-Zitrone waschen, in Scheiben schneiden und die Scheiben halbieren. In jede Forelle 2–3 Scheibenhälften und 1 Rosmarinzweig legen.
4. Mehl auf eine längliche Platte schütten und die Forellen im Mehl wenden.
5. Die Hälfte der Butter in einer großen Pfanne bei mittlerer Hitze schmelzen, aber nicht bräunen lassen. Forellen in der Butter von jeder Seite etwa 8 Minuten braten, dabei immer wieder etwas Butter zugeben.
6. Die Forellen herausnehmen, wenn sie kross und braun gebraten sind, auf Teller legen und mit der zerlassenen Butter aus der Pfanne übergießen.

TIPP: Dazu passen Brot, Kartoffelsalat (historisch nicht korrekt, aber lecker) und ein kühles Glas Weißwein aus dem Frankenland.

Die schnellste Pastete der Welt

Pasteten waren früher die hohe Kunst der Küche. Gleichzeitig dienten sie auch dazu, nicht mehr ganz ansehnliches, vielleicht sogar schon leicht verdorbenes Fleisch in einem Teigmantel auf den Tisch zu schmuggeln. Ich selbst verarbeite darin oft Überbleibsel vom Schweine- oder Rehbraten vom Vortag (natürlich nicht verdorben!), aber Sie können auch frisches Fleisch verwenden. In diesem Rezept, dessen Ursprung im Mittelalter liegt, nehme ich Schweinefilet, weil das am zartesten ist – und eine Packung Tiefkühlblätterteig … Über diese Erfindung hätte sich Henkerstochter Magdalena sicher sehr gefreut!

Für 6 Pastetenbäcker

- 1 Packung TK-Blätterteig (6 Teigplatten bzw. 450 g)
- 500g Schweinefilet (oder eben die Reste vom Vortagsbraten)
- 100g durchwachsener Speck
- 3 Schalotten
- 2 Knoblauchzehen
- ½ Bund Petersilie
- 150g Champignons
- 2EL Butterschmalz
- 1TL getrockneter Thymian
- Salz, Pfeffer
- 2 Eier
- 100g Mehl plus mehr für die Arbeitsfläche
- 1 Eigelb
- 1EL Sahne

1. Blätterteig aus der Packung nehmen und etwa 15 Minuten auftauen lassen.
2. Das Fleisch und den Speck in kleine Würfel schneiden.
3. Schalotten und Knoblauch schälen. Petersilie waschen und mit Schalotten und Knoblauch sehr klein hacken. Champignons säubern, halbieren und in dünne Scheiben schneiden.
4. Butterschmalz in einer großen Pfanne zerlassen und Speck und Fleisch darin anbraten. Dann Schalotten und Knoblauch zugeben und ebenfalls anbraten.
5. Pilze und Petersilie zufügen, etwa 5 Minuten braten, dann mit Thymian, Salz und Pfeffer würzen.
6. Mischung 15 Minuten abkühlen lassen, danach die ganzen Eier und das Mehl zugeben und vermengen. Es muss eine feste, breiige Masse entstehen; bei Bedarf noch ein wenig mehr Mehl einarbeiten. Füllung noch mal mit Salz und Pfeffer abschmecken.
7. Backofen auf 180°C Umluft vorheizen.
8. Den aufgetauten Blätterteig auf einer bemehlten Arbeitsfläche zu einem dünnen Rechteck ausrollen und auf ein mit Backpapier ausgekleidetes Backblech legen. Die Füllung in die Mitte setzen und den Teig von allen Seiten darüberschlagen. Die Ränder mit den Fingerspitzen vorsichtig andrücken.
9. Eigelb und Sahne in einer kleinen Schüssel verrühren, den Teig mit der Hälfte davon einpinseln. Vorsichtig mit einer Gabel in den Teig einstechen, damit beim Backen die heiße Luft entweichen kann.
10. Pastete in ca. 30 Minuten im Ofen goldbraun backen, dabei nach 10 Minuten mit der restlichen Ei-Sahne-Mischung einpinseln.
11. Pastete aus dem Ofen holen, abkühlen lassen und in Scheiben schneiden.

TIPP: Die Pastete schmeckt heiß und kalt. Mit Petersilie dekoriert und einem Klacks Chutney ist sie eine perfekte Vorspeise. Mit Sauerkraut kann sie auch gut als Hauptspeise serviert werden.

Glasierter Fasan

Eigentlich stammt dieses schöne Tier ja aus dem asiatischen Raum. Doch schon die Römer bürgerten den Vogel ein, vermutlich wegen seines wohlschmeckenden Fleisches. Heutzutage findet man ihn eher selten auf einer Speisekarte. Das liegt wohl auch daran, dass er nur in speziellen Geschäften zu bekommen ist. Aber es lohnt sich! Bei diesem Rezept ist die Marinade entscheidend, mit der der Vogel glasiert wird. Das macht ihn wunderbar knusprig – ein wirklich patrizierhaftes Essvergnügen!

FÜR 4 PATRIZIER

Für den Fasan:

- 1 großer Fasan (oder 2 kleine Fasane; ca. 1kg, ausgenommen)
- Salz, Pfeffer
- 1 großer süßsaurer Apfel
- 1TL getrockneter Majoran
- 1EL Butterschmalz
- 8 Schalotten
- 1 große Karotte

Für die Marinade:

- 1 Knoblauchzehe
- 4 Pfefferkörner
- je 1TL getrockneter Thymian und Rosmarin
- 2TL mittelscharfer Senf
- 4EL Honig
- 2EL Olivenöl
- 2EL Portwein (oder Sherry)

1. Den Fasan waschen, dann innen und außen kräftig salzen und pfeffern.
2. Den Apfel schälen, entkernen und in kleine Würfel schneiden, in einer Schüssel mit dem Majoran vermengen und den Fasan damit füllen. Öffnung am besten mit Nadel und Zwirn zunähen, damit nichts herausfällt.
3. Butterschmalz in einer Reine zerlassen und den gefüllten Fasan darin von allen Seiten leicht anbraten.
4. Die Schalotten schälen (nicht klein schneiden), die Karotte putzen, waschen und in ca. 1cm dicke Scheiben schneiden. Das Gemüse hübsch um den Fasan herum verteilen.
5. Den Backofen auf 180°C Umluft vorheizen.
6. Für die Marinade den Knoblauch schälen, hacken und mit einer Gabel zerdrücken. Pfefferkörner, Thymian und Rosmarin im Mörser zermahlen. Gewürzmischung und Knoblauch in einer Schüssel mit den restlichen Zutaten der Marinade verrühren. Mit einem Pinsel den Fasan von allen Seiten mit der Marinade einpinseln.
7. Fasan ca. 1 Stunde im Ofen garen, dabei gelegentlich mit der restlichen Marinade bestreichen, bis die Haut schön knusprig ist.

TIPP: Dazu passen Knödel und Blaukraut wunderbar – ein echtes Festessen!

Barockes Honigparfait

Das Schönheitsideal war im Barock ein anderes als heute. Wer dick war, galt als reich und angesehen – deshalb spricht man ja auch heute noch von einer barocken Figur. Das folgende Rezept, eine Nachspeise, hat es in sich. Henkerstochter Magdalena lernt solch üppige Speisen am Tisch des Münchner Arztes Malachias Geiger im achten Band der Saga kennen, jedoch nichts Gefrorenes. In Frankreich gab es um diese Zeit allerdings schon ein Kaffeehaus, das Speiseeis anbot. In Schongau lutschte man da winters noch an Eiszapfen. Das Rezept stammt von meinem Vater, in meiner Jugend habe ich damit so manche neue weibliche Bekanntschaft für mich eingenommen. Es ist unschlagbar einfach, lecker und sehr, sehr, nun ja … barock.

FÜR EINE GRÖẞERE BAROCKE TISCHGESELLSCHAFT (12–16 PORTIONEN)

- 500g flüssiger Honig
- 16 Eigelb (ja, Sie lesen richtig …)
- 1l Sahne
- Früchte (oder Fruchtsoße) nach Belieben
- Minzblätter zum Garnieren

1. Honig und Eigelb in einer Schüssel mit dem Handmixer gut verrühren.
2. Die Sahne in eine zweite Schüssel geben und sehr steif schlagen.
3. Sahne mit einem Holzkochlöffel unter die Ei-Honig-Mischung heben. Parfait sofort (!) in einen gefriergeeigneten Behälter füllen und in die Gefriertruhe stellen (sonst setzt sich der Honig wieder ab). Über Nacht im Eisfach lassen.
4. Parfait zum Servieren in ca. 2cm dicke Scheiben schneiden und nach Belieben mit Früchten oder Fruchtsoße und Minzblättern anrichten.

TIPP: Sie können das Honigparfait getrost auch länger im Eisfach lassen und Stück für Stück genießen.

Märkte und Feste

»Es war der erste Markttag seit Wochen in Schongau [...]. Dementsprechend geschäftig ging es auf dem lang gezogenen Platz zwischen Ballenhaus und der nördlichen Stadtmauer zu. Bauern aus Kinsau und dem benachbarten Peiting priesen lautstark ihr frisches Gemüse an [...], ein Viehhändler aus Steingaden trieb ein halbes Dutzend quiekender Schweine zum Metzger, und der Hausierer und Scherenschleifer diente sich buckelnd bei den Schongauer Bürgersfrauen an ...«

(Aus: Die Henkerstochter und der Fluch der Pest)

Heutzutage können wir uns gar nicht mehr vorstellen, wie viele Feiertage es vor allem in den katholischen Ländern einst gegeben hat. Für die Familie Kuisl, ebenso wie für alle anderen Menschen des 17. Jahrhunderts, waren die unzähligen Jahrmärkte, Heiligentage, Messen und Feste wichtige Orientierungspunkte im Jahr. Dies begann nach Silvester mit Dreikönig, aber viel wichtiger war Mariä Lichtmess am 2. Februar, wenn die Kerzen geweiht wurden und die Dienstboten ihren Jahreslohn bekamen (und oft gleich wieder versoffen …).

Auf Fasching, Fastenzeit und Ostern folgte dann der Georgstag am 23. April. An »Georgi« traten Mägde und Knechte ihren Dienst an, nun zog auch bald der Sommer ein, für die Bauern – anders als für uns heute – bedeutete das keine Ferienzeit, sondern harte, schweißtreibende Arbeit auf den Feldern. Mit Mariä Geburt am 8. September kam langsam der Herbst übers Land, der dann an Allerheiligen und Allerseelen seinen Höhepunkt fand, wo in den Dörfern sogenannte Seelenbrote gebacken wurden. Es folgten »Martini« mit der leckeren Martinsgans, die Adventszeit mit den Lebkuchen, die unheimlichen Raunächte, wenn die Finsternis am längsten ist, und schließlich Weihnachten, das Fest von Christi Geburt, das jede Region mit einem ganz speziellen Festessen beging.

In katholischen Gegenden kam man mit all den Sonntagen und Feiertagen damit auf jährlich sage und schreibe 120 Ruhetage! Durchaus ein ökonomischer Nachteil gegenüber den spröden Protestanten, wie damals schon einige Pfennigfuchser anmerkten. Martin Luther forderte die Abschaffung vieler Heiligentage, weil er sie für Abgötterei hielt. Nun ja, vielleicht sagt man deshalb den Katholiken ein wenig mehr Gemütsruhe und einen gesegneten Appetit nach.

Zu den Festen gehörte damals übrigens auch eine anständige Hinrichtung. Das Volk lief vor dem Schafott zusammen, es gab gebrannte Nüsse, Spezereien und Musik. Sozusagen *Game of Thrones* live, ganz ohne Fernsehen …

Martinsgans mit Äpfeln und Birnen

Die Martinsgans zu Sankt Martin im November ist eines jener Festgerichte, das sich bis heute nahezu unverändert erhalten hat. Im achten Band der Henkerstochter serviert der Münchner Arzt Doktor Malachias Geiger seiner Tischgesellschaft das Gericht, und zwar als einen Gang von vielen. Es ist erstaunlich, wie viel die Menschen damals essen konnten! Als überaus fettes Gericht passt die Martinsgans hervorragend in die kalte Zeit. Danach braucht aber nicht nur ein Henker einen Schnaps …

FÜR 8 SEHR HUNGRIGE HENKER

- 1 Gans (etwa 5kg, ausgenommen)
- Salz, Pfeffer
- 500g Äpfel
- 500g Birnen
- 2–3 Zwiebeln
- getrockneter Majoran und Thymian

1. Den Backofen auf 180°C Ober-/Unterhitze vorheizen.
2. Die Gans waschen, abtrocknen und innen und außen gut mit Salz und Pfeffer einreiben.
3. Äpfel und Birnen schälen, entkernen, in kleine Würfel schneiden und in eine Schüssel geben. Zwiebeln schälen, halbieren, in dünne Scheiben schneiden und mit dem Obst vermischen.
4. Die Mischung kräftig mit Majoran, Thymian, Salz und Pfeffer würzen. Die Gans damit füllen und die Öffnung am besten mit Nadel und Zwirn zunähen, damit nichts herausfällt.
5. Gans mit der Brust nach unten in eine Reine legen und in den Ofen schieben. (Wer eine sogenannte Fettpfanne besitzt, kann das Fett später besser abschöpfen; es geht aber auch ohne.) Nach 15 Minuten 2 Finger breit heißes Wasser hinzugeben. Gans an mehreren Stellen mit einer Gabel einstechen, damit das Fett ablaufen kann.
6. Nach 90 Minuten Gans umdrehen und 90 Minuten weiterbraten, dabei immer wieder mit dem herausgelaufenen Fett übergießen. Die letzten 15 Minuten auf Oberhitze umstellen und die Gans bei 220°C knusprig braun braten. Im ausgeschalteten Backofen noch 15 Minuten ruhen lassen, dann herausnehmen und tranchieren. Die Füllung getrennt dazu anrichten.

TIPP: Dazu passen Blaukraut und Knödel.

Das ausgelaufene Fett aus der Reine in eine kleine Schüssel gießen und erkalten lassen. Es schmeckt wunderbar auf dem selbst gebackenen Brot von Seite 34!

Maultaschen

Maultaschen sind ein typisches Fastengericht, vor allem in Schwaben isst man sie vor Ostern. Der Legende nach wollten die Zisterziensermönche des Klosters Maulbronn auf diese Weise das während des Fastens verbotene Fleisch vor dem lieben Herrgott verstecken. Aus dieser Zeit hat sich auch der hübsche Name »Herrgottsbscheißerle« erhalten. Ob Henker Kuisl im achten Band der Serie, der im Ostallgäu spielt, auch einmal Herrgottsbscheißerle isst? Zumindest in einem anderen historischen Roman von mir könnte die Hauptfigur die Spezialität gekostet haben. Denn in *Der Spielmann* verschlägt es den jungen Faustus auch nach Maulbronn.

Für 4 dicke Pfaffen

Für den Nudelteig:

- 2 Eier
- 300g Weizenmehl plus mehr für die Arbeitsfläche
- 50ml Wasser
- 1EL Öl
- 1 gestrichener TL Salz

Für die Füllung:

- 1 Zwiebel
- 1 Knoblauchzehe
- ½ Bund Petersilie
- je 1TL getrockneter Thymian und Rosmarin
- 1EL getrockneter Majoran
- 1TL Salz
- 1 Prise geriebene Muskatnuss
- 250g Blattspinat
- 1 Brötchen vom Vortag
- 300g gemischtes Hackfleisch
- 1 Ei

1. Die Teigzutaten in eine Schüssel geben und mit dem Handmixer zu einem geschmeidigen Nudelteig verkneten. In Frischhaltefolie wickeln und bis zur Verwendung in den Kühlschrank stellen.
2. Für die Füllung Zwiebel und Knoblauch schälen und fein hacken. Petersilie waschen und ebenfalls hacken. Öl in einer Pfanne erhitzen, Zwiebeln und Knoblauch darin andünsten, dann Petersilie und Gewürze zugeben und kurz braten. Pfanne beiseitestellen.
3. Den Blattspinat waschen und verlesen. In einem Topf mit kochendem Wasser blanchieren, bis er zusammengefallen ist, dann in ein Sieb abgießen und kalt abschrecken. Das Wasser gut ausdrücken, sodass fast keine Flüssigkeit mehr enthalten ist, anschließend Spinat fein hacken.
4. Das Brötchen in einer Schüssel mit kaltem Wasser einweichen, dann gut ausdrücken und zerkleinern.
5. Das Hackfleisch in einer Schüssel mit dem Ei und den wieder abgekühlten gebratenen Gewürzen vermengen. Dann Spinat und Brot untermischen. Mit Salz ggf. abschmecken.
6. Den Nudelteig auf einer bemehlten Arbeitsfläche ausrollen und dann in kleinere längliche Rechtecke (etwa 15×5cm) schneiden. Jeweils auf eine Hälfte der Rechtecke etwas Füllung verteilen, dann die freie Teighälfte darüberschlagen. Den Rand erst leicht andrücken, damit die Luft entweicht, danach mit den Zinken einer Gabel festdrücken.
7. Salzwasser in einem Topf zum Kochen bringen, die Maultaschen vorsichtig Stück für Stück hineingeben und bei geringer Hitze ca. 20 Minuten ziehen lassen. Mit einem Schaumlöffel herausheben und abtropfen lassen.

TIPP: Sie können die Maultaschen als Suppeneinlage in einer Gemüsebrühe (siehe Seite 16) oder mit angebräunten Zwiebeln servieren. Gut passen dazu auch ein Spiegelei und Butterbrot!

Seelenbrot

Früher war es Brauch, an Allerheiligen und Allerseelen sogenannte Seelenbrote an den Gräbern der verstorbenen Angehörigen zu hinterlegen. Auch gab man sie den Armen als Almosen. Im Band *Die Henkerstochter und der Teufel von Bamberg* wird dieser Brauch geschildert, Henker Kuisl beobachtet ihn auf dem Friedhof auf dem Weg zum Dom. Die Seelenbrote konnten verschiedene Formen haben: Hirsche oder kleine Männlein, oft waren sie aber auch Zopfgebäcke, da ein abgeschnittener Zopf früher ein Zeichen von Trauer war. Witwen gaben ihn ihren verstorbenen Männern mit ins Grab.

Für 1 großen Zopf

- 150ml Milch
- 500g Weizenmehl
- 25g frische Hefe (etwas mehr als ½ Würfel; oder 1 Päckchen Trockenhefe)
- 50g Zucker
- 1 Päckchen Vanillezucker
- 1TL Salz
- 75g flüssige, nicht mehr heiße Butter
- 2 Eier
- 1 Eigelb
- 50g Hagelzucker

1. Die Milch in einem Topf lauwarm erwärmen.
2. Mehl in eine Schüssel geben und eine Mulde in die Mitte drücken. Frische Hefe in die Mulde bröseln und 1TL Zucker daraufstreuen. Mit etwas von der lauwarmen Milch und ein wenig Mehl zu einem kleinen Vorteig anrühren. Die Schüssel mit einem Küchentuch abdecken und Teig 10 Minuten gehen lassen. (Die Trockenhefe kann einfach so mit den Zutaten vermischt und ohne Vorteig verarbeitet werden.)
3. Den Vorteig nun mit dem ganzen Mehl mischen. Den restlichen Zucker, den Vanillezucker, das Salz, die flüssige Butter und die ganzen Eier dazugeben und mit dem Handmixer verrühren. Langsam die restliche Milch dazugießen, bis ein elastischer Teig entstanden ist. Den Teigballen in 3 Portionen teilen und 30 Minuten zugedeckt bei Zimmertemperatur gehen lassen.
4. Aus jedem Teigling einen Strang formen und dann aus den 3 Strängen einen Zopf flechten. Weitere 15 Minuten ruhen lassen.
5. Währenddessen den Backofen auf 180°C Umluft vorheizen.
6. Das Eigelb in einer kleinen Schüssel mit etwas Wasser verrühren und den Zopf damit bestreichen. Hagelzucker daraufstreuen.
7. Zopf etwa 30–45 Minuten im Ofen backen, dabei nach 15 Minuten noch mal mit Eigelb betupfen. Mit der Stäbchenprobe prüfen, ob der Teig gar ist. Bleibt beim Herausziehen des Stäbchens kein Teig daran hängen, ist das Seelenbrot fertig. Aus dem Ofen nehmen und auskühlen lassen.

TIPP: Schmeckt wunderbar mit Honig oder Marmelade und einem kalten Glas Milch.

Schmalznudeln

Dieses sehr leckere und auch sehr fette Gebäck gab und gibt es oft zur Kirchweih oder auf den Dulten, also Jahrmärkten. In Bayern heißen die Schmalznudeln wegen ihrer kreisrunden Form auch »Auszogne«. Im zweiten Band der Henkerstochter-Saga spielen sie eine unrühmliche Rolle, weil gleich zu Beginn der Altenstadter Pfarrer Andreas Koppmeyer damit vergiftet wird. Jemand hat in Honig gelösten Schierling darübergestrichen … Aber keine Angst, meine Schmalznudeln sind nur gefährlich, wenn Sie sich damit überfressen.

Für 12 Schmalznudeln

- 200ml Milch
- 1 Würfel frische Hefe (oder 2 Päckchen Trockenhefe)
- 50g Zucker
- 500g Weizenmehl plus etwas mehr für die Arbeitsfläche
- 2 Prisen Salz
- 1TL Zitronenabrieb
- 2 Eier
- 70g flüssige, nicht mehr heiße Butter
- 250g Butterschmalz
- Puderzucker zum Bestäuben

1. Die Milch in einen Topf gießen und lauwarm erwärmen. Topf vom Herd nehmen.
2. Frische Hefe in die nicht zu heiße Milch bröseln (oder Hefepulver hinzugeben), 1TL Zucker zugeben und beides unter Rühren auflösen. Topf mit einem Tuch abdecken und Hefemilch 15 Minuten an einem warmen Ort gehen lassen.
3. Das Mehl in eine Schüssel sieben und mit Salz, dem restlichen Zucker und dem Zitronenabrieb vermischen. Als Nächstes die Eier, die geschmolzene Butter und die Hefemilch zugeben und mit dem Handmixer zu einem lockeren Teig verrühren, dann mit der Hand weiterkneten. Klebt der Teig zu sehr, etwas mehr Mehl einarbeiten.
4. Teig abgedeckt 30 Minuten gehen lassen. Danach nochmals gut durchkneten und auf einer bemehlten Arbeitsfläche mit dem Nudelholz ca. 1cm dick ausrollen. Etwa fingergroße Kreise ausstechen (ca. Ø 8cm) und zu Fladen ausziehen. Die Mitte sollte hauchdünn sein, der Rand wulstig. Schmalznudeln weitere 30 Minuten gehen lassen.
5. Butterschmalz in einer großen, tiefen Pfanne erhitzen (es muss ganz heiß sein!). Die Schmalznudeln in heißem Fett ausbacken, bis sie schön hellbraun sind, dabei einmal wenden. Aus der Pfanne nehmen, zum Abtropfen auf Küchenpapier legen und noch heiß mit Puderzucker bestäuben.

TIPP: Dazu passt am besten selbst gemachte Marmelade und Simons Kaffee, dessen Rezept Sie auf Seite 140 finden.

Bratäpfel

Dieses bis heute beliebte Rezept läutete früher die kalte Jahreszeit ein. Der Herbst war vorüber, die Äpfel verschrumpelten in den Vorratskellern, wurden mehlig, aber blieben süß. Wenn man sie im Ofen briet, ließen die Früchte zusammen mit der geschmolzenen Butter, der Säure vom Wein und einigen Gewürzen Erinnerungen an die letzten Sommertage aufkommen. Überhaupt waren getrocknete Apfelringe oder kandierte Äpfel damals die Süßigkeit der kleinen Leute. Magdalena beglückt damit im ersten Band eine ganze Horde Kinder, und auch Simon lässt sie sich zum Frühstück schmecken. Ich liebe Bratäpfel vor allem, wenn draußen die ersten Schneeflocken fallen.

FÜR 4 ÄPFEL

- 4 große säuerliche Äpfel
- 250ml Rotwein (oder roter Fruchtsaft für Kinder)
- 2EL Honig
- 4 Gewürznelken
- 2 Prisen gemahlener Zimt
- 4TL Himbeermarmelade (Es geht auch jede andere Marmelade, die Ihnen schmeckt.)
- 4TL gemahlene Haselnüsse
- 4TL Butter

1. Backofen auf 200°C Ober-/Unterhitze vorheizen.
2. Äpfel waschen und die Kerngehäuse ausstechen.
3. Wein (oder Saft) mit Honig, Nelken und Zimt in einem Topf kurz aufkochen. Topf vom Herd nehmen.
4. Marmelade in einer Schüssel mit den gemahlenen Haselnüssen verrühren. Die Mischung in die Löcher in den Äpfeln füllen und oben jeweils 1TL Butter daraufsetzen.
5. Bratäpfel in eine Reine stellen, mit dem gesüßten Rotwein (oder Saft) übergießen und ca. 45 Minuten im Ofen backen, bis sie schön weich sind.

Früchtebrot

In Zeiten, in denen es wenig Süßigkeiten gab, waren Früchte etwas ganz Besonderes. Allerdings gab es sie frisch nur eine gewisse Zeit im Jahr, daher musste man sie haltbar machen. Die Leute kochten sie ein, dörrten oder verbuken sie. Das folgende Früchtebrot-Rezept stammt von unserer guten Freundin Sanni, die es wiederum von einer alten Dame hat. Darin kommen auch einige Zutaten vor, die die Henkerstochter noch nicht hatte, dafür ist das Brot aber sehr lecker – und vor allem ganz einfach in der Herstellung. In Frischhaltefolie gewickelt, hält es sich gut 2 Wochen im Kühlschrank. Früchtebrote (in Bayern auch Kletzenbrote genannt) läuten bei uns die dunkle Jahreszeit ein, sie sind auch ein leckeres Mitbringsel bei Partys!

FÜR 2 KASTENFORMEN

- 750g Trockenfrüchte (z.B. Birnen, Backpflaumen, Datteln, Feigen, Aprikosen)
- 100g abgetropfte Kirschen aus dem Glas
- 200g Haselnusskerne
- 160g Paranusskerne
- 160g Cranberrys
- 500ml Buttermilch
- 500g Weizenmehl
- 200g Zucker (gerne brauner, wer das mag)
- 1 Msp. gemahlene Nelken
- 2TL gemahlener Zimt
- 1EL Kakaopulver
- 1 Päckchen Backpulver
- 50ml Wasser
- Saft von 1 Zitrone
- 1 Prise Salz

1. Backofen auf 180°C Umluft vorheizen.
2. Trockenfrüchte, Kirschen und Nüsse in eine große Schüssel geben, dann Buttermilch und die restlichen Zutaten langsam hinzugeben und auf niedrigster Stufe mit dem Handmixer verrühren.
3. Den Teig in 2 ausgefettete Kastenformen geben.
4. Früchtebrote ca. 1 Stunde im Ofen backen.

Lebkuchen à la Emmi

Welche Rolle Lebkuchen und sogenannte Pfefferkuchen früher gespielt haben, erkennt man noch an den Liedern und Gedichten rund um Weihnachten. Nikolaus, Knecht Ruprecht und das Christkind brachten damals keine Computerspiele und Handys, sondern Äpfel, Nüsse, Mandelkerne und eben auch Lebkuchen. Auch die Henkersenkel Peter und Paul haben sicher Pfefferkuchen nach der Christmette bekommen. Schließen wir kurz mal die Augen und stellen uns vor, unsere lieben Kleinen würden sich über so einen Lebkuchen oder Spekulatius genauso freuen wie über eine Spielkonsole oder ein Handy … Man wird ja wohl mal träumen dürfen! Das folgende Rezept stammt von einer alten Dame, die vor 50 Jahren einen Tante-Emma-Laden in München-Laim führte, in dem meine Eltern immer einkauften. Den Laden gibt es schon lange nicht mehr, aber Tante Emmis Lebkuchen sind immer noch beliebt! Übrigens: Weil kein Mehl verwendet wird, sind die Lebkuchen auch glutenfrei.

Für 20 Lebkuchen

- 3 mittelgroße Eier
- 250g Zucker
- 2EL Rum (oder die entsprechende Menge Rumaroma)
- 400g gemahlene Haselnüsse (evtl. etwas mehr bei Bedarf)
- je 100g Zitronat und Orangeat
- 2 gehäufte EL Kakaopulver
- 1EL gemahlener Zimt
- 1TL gemahlene Nelken
- 20 runde Oblaten

1. Eier, Zucker und Rum in eine Schüssel geben und mit dem Handmixer auf höchster Stufe schaumig rühren.
2. Die restlichen Zutaten hinzugeben und alles weitere 3 Minuten verkneten, bis ein homogener Teig entstanden ist. Wenn der Teig zu flüssig ist, ein wenig mehr gemahlene Haselnüsse einarbeiten.
3. Den Backofen auf 150°C Ober-/Unterhitze vorheizen.
4. Die Oblaten auf ein mit Backpapier ausgelegtes Blech setzen, jeweils etwas Teig daraufgeben, sodass die Oblaten ganz damit bedeckt sind.
5. Lebkuchen etwa 25 Minuten im Ofen backen, dann herausnehmen und auskühlen lassen. Die Lebkuchen härten ein wenig nach, also keine Angst, wenn sie anfänglich noch zu weich erscheinen.

Fürstlicher Christstollen

Der Stollen war das Festgebäck zu Weihnachten! Das lag vor allem daran, dass dafür sehr viel Butter verwendet wurde, und Butter war damals teuer. Die Rezepte variierten von Region zu Region, wobei es Stollen für ärmere Leute gab und eben jene für die feinen Herrschaften – buttriger, gehaltvoller, mit feinem Weizenmehl und mehr teuren Gewürzen. Hier ein fürstlicher Christstollen, der wohlig schwer im Magen liegt. Wenn ich beim Frühstück eine Scheibe davon zum Kaffee esse, dann reicht das bis Mittag. Ein ausgewachsener Henker braucht da natürlich mehr.

Für 2 Stollen

- 250ml Milch
- 1,2kg Weizenmehl
- 3 Würfel frische Hefe (oder 6 Päckchen Trockenhefe)
- 350g sehr weiche Butter
- 100g Margarine
- 150g sehr weiches Butterschmalz
- 200g Zucker
- 2 Päckchen Vanillezucker
- abgeriebene Schale von 1 Bio-Zitrone
- 300g gemahlene Mandeln
- je 150g Zitronat und Orangeat
- 1 Päckchen Christstollengewürz
- 600g Rumrosinen

Zum Bestreuen:

- 125g zerlassene Butter
- Puderzucker nach Belieben

1. Die Milch in einem Topf lauwarm erhitzen, dann beiseitestellen.
2. Mehl in eine Schüssel geben und in die Mitte eine Mulde drücken. Die frische Hefe in die Mulde bröseln und mit der Hälfte der warmen Milch übergießen. Ein wenig Mehl darüberstäuben, Schüssel mit einem Tuch abdecken und Vorteig 15 Minuten gehen lassen. (Die Trockenhefe kann einfach so mit den Zutaten vermischt und ohne Vorteig verarbeitet werden.)
3. Alle restlichen Zutaten (außer den Rosinen) zugeben und mit einem Holzlöffel gut vermischen (zur Not mit dem Handmixer). Dann mit den Händen zu einem geschmeidigen Teig verkneten (bei Bedarf noch etwas mehr Milch oder Mehl einarbeiten, falls die Konsistenz nicht stimmt). Schüssel wieder abdecken und Teig 30 Minuten gehen lassen.
4. Danach die Rumrosinen unterheben und den Teig erneut 1 Stunde ruhen lassen.
5. Währenddessen den Backofen auf 180°C Umluft vorheizen.
6. Aus dem Teig 2 längliche Laibe formen und auf ein mit Backpapier belegtes Blech setzen. Die Stollen mit einem Messer mittig der Länge nach einschneiden und mit einer Gabel kleine Löcher einstechen.
7. Die Stollen 90 Minuten im Ofen backen. Mit der Stäbchenprobe prüfen, ob der Teig gar ist. Dann aus dem Ofen nehmen und 30 Minuten ruhen lassen.
8. Mit einer Gabel noch mal kleine Löcher in die Stollen stechen. Stollen mit zerlassener Butter bestreichen und 1cm dick mit Puderzucker bestreuen.
9. Dann komplett abkühlen lassen, in Frischhaltefolie und eine Tüte einwickeln und am besten noch mindestens 1 Woche an einem kühlen Ort durchziehen lassen (der Stollen wird dadurch noch besser!).

Im Wirtshaus

»Mit eingefrorenem Lächeln bemühte sich Simon nicht daran zu denken, wie viel ihn diese Schongauer Familienfeier am Ende wohl kosten würde. Zusammen mit einem guten Dutzend Gästen saß er im Hinterzimmer der ›Glocke‹ an einem langen Tisch, voll mit allerlei deftigen Köstlichkeiten. [...] Der Wirt der ›Glocke‹ hatte geräucherten Fisch aus dem Lech aufgetragen, Schinkenkeulen, Krautsalat mit Kümmel, kalten Braten, ein paar Laib Käse, ganze Spieße mit gebratenen Hühnern und noch einiges mehr.«

(Aus: Die Henkerstochter und der Fluch der Pest)

Die Lust aufs Wirtshaus ist seit Jahrhunderten gleich geblieben. Da geht es mir genauso wie meinem Vorfahren Jakob Kuisl, beide schätzen wir deftige Kost, Geselligkeit und Bier – nun ja, mein Urahn Letzteres vielleicht sogar noch ein wenig mehr als ich ... Als ehrloser Scharfrichter musste Jakob allerdings erst die Gäste fragen, ob er eintreten durfte. Er hatte seinen eigenen Platz und auch seinen eigenen Krug, den sonst niemand anrührte. Die noblen Gasthäuser waren ihm verwehrt.

In heutigen Zeiten des Rauchverbots in der Gastronomie können wir uns gar nicht mehr vorstellen, wie verräuchert die Wirtshäuser damals waren! Der Kamin zog schlecht, Gardünste wehten von der Küche herein, Talgkerzen kokelten, und die Männer schmauchten Pfeife, als ginge es direkt in die Hölle. Auch der Henker Kuisl liebt ja seinen Tabak, den er sich regelmäßig aus Augsburg schicken lässt, und da ist er beileibe nicht der Einzige. Seit dem Dreißigjährigen Krieg setzte sich das sogenannte Rauchtrinken in den deutschen Landen immer mehr durch, auch wenn die Behörden es teilweise verboten oder mit heftigen Strafzöllen belegten.

Sperrstunde war im Sommer meist um zehn, im Winter sogar um neun Uhr abends. Wer draußen krakeelte, den sperrte der Nachtwächter in den sogenannten Narrenkäfig, wie es zum Beispiel meinem Romanhelden Simon in Regensburg widerfährt.

Getrunken wurde, was das Zeug hielt. Im Mittelalter eher Wein, mit der sogenannten Kleinen Eiszeit ab dem 15. Jahrhundert setzte sich dann immer mehr das Bier durch. Schätzungen gehen von bis zu fünf Maß aus, die damals täglich genossen wurden – pro Person! Das Bier war damals zwar schwächer, trotzdem können wir davon ausgehen, dass unsere Vorfahren ständig leicht einen sitzen hatten. Die enorme Menge lässt sich auch dadurch erklären, dass Wasser zu Recht als ungesund galt. Bier und Wein hingegen waren durch die alkoholische Gärung genießbar.

In einer Chronik fand ich den sogenannten »Hessischen Orden der Mäßigkeit«, der um 1600 nach dem Gebot lebte, nie mehr als täglich 14 Becher Wein zu trinken. Damit hätte sogar ein Scharfrichter Kuisl so seine Schwierigkeiten gehabt ...

Bierbrot

Anstelle von Weißbrot aßen die armen Leute damals meist Roggenbrot. Henkerstochter Magdalena kauft es auf dem Schongauer Markt, und ihr Mann Simon beklagt sich über die Spelzen, die ständig zwischen den Zähnen hängen bleiben. Das ist heutzutage natürlich nicht mehr so. Für mein selbst kreiertes Rezept verwende ich teils Roggenmehl und teils Weizenmehl, vor allem aber nehme ich statt Wasser dunkles Bier. Damit passt das Brot hervorragend zu einer Maß oder zwei, wie sie Henker Jakob Kuisl in den Schongauer Tavernen hinter dem Ballenhaus gerne zu sich nahm.

Für 1 Ringform

- ca. 250ml dunkles Bier
- 250g Roggenmehl
- 250g Weizenmehl plus mehr zum Bestäuben
- 1 Würfel frische Hefe (oder 2 Päckchen Trockenhefe)
- 1EL Honig
- je 1TL Koriander- und Fenchelsamen
- 2TL Salz
- 2TL Kümmel plus mehr zum Bestreuen
- 3EL Butter
- grobes Salz zum Bestreuen

1. Das Bier in einem Topf lauwarm erwärmen und zur Seite stellen.
2. Roggen- und Weizenmehl in einer Schüssel vermischen. Eine Mulde in die Mitte drücken und die frische Hefe hineinbröseln. 5EL lauwarmes Bier und den Honig auf die Hefe geben und mit ein wenig Mehl verrühren, bis sich die Hefe aufgelöst hat. Diesen Vorteig zugedeckt 15 Minuten gehen lassen. (Die Trockenhefe kann einfach so mit den Zutaten vermischt und ohne Vorteig verarbeitet werden.)
3. Koriander- und Fenchelsamen in einem Mörser zermahlen.
4. Langsam das restliche handwarme (!) Bier und die Gewürze zum Teig geben und alles mit den Händen zu einem geschmeidigen Teig verarbeiten (evtl. noch mehr Mehl zufügen, falls er zu flüssig ist).
5. Teig mit etwas Mehl bestäuben, mit einem Messer oben ein Kreuz einritzen und Teig 30 Minuten zugedeckt an einem warmen Ort gehen lassen. Dann gut durchkneten und erneut 30 Minuten gehen lassen.
6. Eine Ringform mit 1EL Butter einfetten. Aus dem Teig 8 Kugeln formen und diese nebeneinander in die Form setzen, sodass ein zusammenhängender Ring entsteht. Noch mal zugedeckt 30 Minuten gehen lassen.
7. Den Backofen auf 180°C Umluft vorheizen.
8. Die restliche Butter in einem kleinen Topf schmelzen und den Teig damit bestreichen. Brot mit Kümmel und grobem Salz bestreuen und ca. 45 Minuten im Ofen backen, bis es schön aufgegangen und an der Oberfläche braun ist. Mit der Stäbchenprobe prüfen, ob das Brot fertig ist.
9. Brot aus dem Ofen nehmen, auskühlen lassen und aus der Form lösen. Als Ring servieren oder in einzelne Brötchen zerteilen.

Bamberger Zwiebel

Dieses typische Gericht habe ich selbst in einem Bamberger Wirtshaus kennen- und lieben gelernt, und zwar im »Schlenkerla«, wo auch das berühmte Rauchbier ausgeschenkt wird. Zu Kuisls Zeiten hieß das Gasthaus noch »Zum Blauen Löwen«, Henkerssohn Georg hat dort seinen ersten Vollrausch, weshalb er prompt seinen kleinen Neffen beim alten Jeremias vergisst. Dass es dieses leckere Gericht gerade in Bamberg gibt, liegt vermutlich an den hervorragenden Zwiebeln dort. Die Gegend hieß früher Zwiebeltreterland, und noch heute feiern die Bamberger jedes Jahr ihr Zwiebeltreterfest.

Für 4 Wirtshausgäste

- 150ml Milch
- 2 Brötchen vom Vortag
- 4 große Zwiebeln
- 1 Bund Petersilie
- 8 dünne Scheiben Rauchspeck
- 1EL Butter
- 2TL getrockneter Majoran
- 250g Schweinehackfleisch
- 1TL mittelscharfer Senf
- 2 Eier
- Salz, Pfeffer
- geriebene Muskatnuss
- 500ml Gemüsebrühe (siehe Seite 16 oder aus Pulver bzw. Brühwürfeln)
- 125ml Rauchbier (oder dunkles Bier)
- 1EL Mehl

1. Milch in eine Schüssel gießen und die Brötchen darin einweichen.
2. Die Zwiebeln schälen. Unten jeweils gerade abschneiden, sodass sie gut stehen, und mit einem Messer oder scharfkantigen Löffel vorsichtig aushöhlen. Die ausgelösten Zwiebelstücke hacken (wenn es für Ihren Geschmack zu viele Zwiebeln sind, einfach einen Teil davon anderweitig verwenden).
3. Die Petersilie waschen und hacken. 4 Scheiben Speck klein schneiden. Butter in einer Pfanne zerlassen, gehackte Zwiebeln und den klein geschnittenen Speck darin anbraten. Majoran und Petersilie zugeben, kurz dünsten, dann Pfanne vom Herd nehmen und Mischung etwas abkühlen lassen.
4. Den Backofen auf 180°C Ober-/Unterhitze vorheizen.
5. Die Brötchen aus der Schüssel nehmen und gut ausdrücken.
6. Hackfleisch in eine Schüssel geben, zerpflückte Semmeln, Senf, Eier und Zwiebel-Speck-Mischung dazugeben und alles gut vermischen. Mit Salz, Pfeffer und Muskat kräftig würzen.
7. Masse in die ausgehöhlten Zwiebeln füllen und diese in eine Auflaufform stellen. Die Gemüsebrühe in einem Topf erhitzen und so viel Brühe in die Form gießen, dass die Zwiebeln bis zur Hälfte darin stehen.
8. Zwiebeln 30 Minuten im Ofen backen, dabei immer wieder mit Bratensaft übergießen. Dann das Bier über die Zwiebeln gießen und weitere 45 Minuten garen.
9. Die Zwiebeln aus der Form nehmen und warm halten. Mehl in einer Tasse mit wenig Wasser klumpenfrei verrühren, in den Bratensaft rühren und aufkochen, damit es bindet. Soße mit Salz und Pfeffer abschmecken.
10. 4 Scheiben Speck in einer Pfanne ohne Fett kross braten. Zwiebeln auf Tellern anrichten, mit dem Speck belegen und mit der Soße übergießen.

TIPP: Dazu passen Sauerkraut sowie – historisch nicht ganz korrekt – Kartoffelbrei und natürlich ein Bamberger Rauchbier. Man muss sich an den Geschmack des Biers erst gewöhnen, aber ich schwöre Ihnen, danach wollen Sie nie wieder etwas anderes!

Das beste und schnellste Brathähnchen der Welt

Okay, das ist jetzt vielleicht ein wenig übertrieben. Aber es ist zumindest das beste und schnellste Brathähnchen, das ich kenne. Und ich bin auf meinen Recherchereisen schon viel herumgekommen. Im Grunde ist die Qualität des Hähnchens entscheidend. Ich nehme immer eines aus artgerechter Haltung, das lohnt sich – für das Hähnchen und auch für meine Familie. Denn es schmeckt einfach viel besser! Zu Henkerstochters Zeiten liefen die Hühner ohnehin meist frei herum. Und auch in meiner Kindheit verirrten sich die Hühner der Nachbarin gerne mal in unseren Garten. Manch eines ward dann nie mehr gesehen …

- 1 Hähnchen (1–1½kg)
- 3EL Olivenöl
- Salz, Pfeffer
- 1TL edelsüßes Paprikapulver
- 3 Knoblauchzehen
- 1 Bio-Zitrone
- je 1 Handvoll frischer Thymian, Rosmarin und Oregano

1. Den Backofen auf 225°C Umluft vorheizen.
2. Das Hähnchen innen und außen waschen und mit Küchenpapier trocken tupfen.
3. Zunächst innen und außen mit Olivenöl einreiben, dann ebenfalls innen und außen kräftig mit Salz und Pfeffer würzen. Danach nur außen mit Paprikapulver einreiben.
4. Knoblauchzehen mit einer Gabel andrücken (nicht schälen). Die Zitrone waschen und vierteln.
5. Die Kräuter waschen und grob hacken.
6. Knoblauchzehen, Zitronenviertel und Kräuter in den Bauch des Hähnchens füllen. Hähnchen mit der Brust nach unten in eine Reine legen und 20 Minuten im Ofen braten. Dann umdrehen und weitere 40 Minuten garen – fertig!

TIPP: Für mich ist das Beste das Hähnchenfett. Sehr ungesund, sehr lecker … Ich tunke es mit meinem selbst gebackenen Brot (siehe Seite 34) auf oder brate Kartoffeln darin. Wer will, kann die Kartoffeln auch gleich mit dem Hähnchen im Ofen mitgaren.

Breznknödel

Brezen oder auch Brezeln sind uralte sogenannte Gebildebrote. Der Name stammt vom lateinischen Wort »brachium« für »Arm«, da die in sich verschlungenen Teigstränge verschränkte Arme darstellen. Als Erfinder gilt der bekanntesten Legende nach ein Bäcker aus Bad Urach, der sich eines Verbrechens schuldig gemacht hatte und gehenkt werden sollte. Der Graf gab ihm jedoch noch eine Chance: »Back ein Brot, lieber Freund, durch das die Sonne dreimal scheint. Dann wirst du nicht gehenkt, dein Leben sei dir frei geschenkt.« Die Lösung war die Breze mit ihren drei durch die Stränge gebildeten Löchern … Aus alten Brezen mache ich gern Brezenknödel, die man in Scheiben geschnitten gut zu Fleischgerichten reichen oder in Butter ausgebacken und mit Parmesan überstreut genießen kann.

FÜR CA. 10 SCHEIBEN

- 250g Brezen vom Vortag
- 250ml Milch
- ½ Zwiebel
- 80g weiche Butter
- 2 Eier
- 2EL frisch gehackte Petersilie
- Salz, Pfeffer
- geriebene Muskatnuss
- Semmelbrösel bei Bedarf

1. Brezen klein schneiden. Milch in eine Schüssel gießen und die Brezenstücke darin ca. 1 Stunde einweichen. Dann mit einem Stabmixer pürieren.
2. Die Zwiebel schälen und hacken. 1EL Butter in einer Pfanne schmelzen, die Zwiebeln darin glasig dünsten, kurz abkühlen lassen und dann mit der restlichen Butter, den Eiern und der Petersilie zu dem Breznmus geben. Mit einem Handmixer zu einem glatten Teig verrühren.
3. Teig mit den Gewürzen abschmecken und 20 Minuten ziehen lassen. Ist der Teig zu weich, ggf. Semmelbrösel einarbeiten.
4. Ein Stück Alufolie auslegen, Frischhaltefolie darauflegen und den Teig darauf verteilen. Die Masse so in die Frischhaltefolie einwickeln, dass eine etwa 7cm dicke Rolle entsteht. Rolle zusätzlich in die Alufolie einpacken und die Enden umschlagen, sodass nichts herauslaufen kann.
5. Wasser in einem Topf zum Kochen bringen, die Rolle hineinlegen und Teig 25 Minuten köcheln lassen.
6. Rolle mit 2 Kochlöffeln herausheben, ca. 15 Minuten abkühlen lassen, auswickeln und in fingerdicke Scheiben schneiden.

Eintopf mit Bohnen und Fenchel

In einfachen Wirtshäusern gab es meist Eintopf. Da köchelten allerlei Zutaten in einem Topf auf dem Feuer vor sich hin, gelegentlich rührte jemand um und sorgte dafür, dass nichts anbrannte. Die Zutaten variierten, und es musste nicht immer Fleisch sein. Auch die Kuisls werden in ihrem Leben die unterschiedlichsten Eintöpfe gegessen haben. Das folgende Rezept ist ganz einfach, es stammt von mir. Wer will, kann statt der getrockneten Bohnen auch Bohnen aus der Dose nehmen. Dann spart man sich das Einweichen und Weichkochen. Übrigens: Eintöpfe schmecken am nächsten Tag am besten!

Für 4 hungrige Wirtshausbesucher

- 250g getrocknete weiße Bohnen (oder 500g weiße Bohnen aus der Dose)
- 1 mittelgroße Zwiebel
- 1 Knoblauchzehe
- 1 mittelgroßer Fenchel
- 2EL Butterschmalz
- 1 Speckschwarte (können Vegetarier auch weglassen)
- 1TL Fenchelsamen
- 1TL Kümmel
- 75ml trockener Weißwein
- 1TL getrockneter Thymian
- 2 Prisen gemahlener Peperoncino
- 750ml Gemüsebrühe (siehe Seite 16 oder aus Pulver bzw. Brühwürfeln)
- Salz und Pfeffer

1. Die Bohnen über Nacht in einer Schüssel mit Wasser einweichen. Am nächsten Tag in ein Sieb abgießen, spülen und abtropfen lassen. Wasser in einem Topf zum Kochen bringen (noch kein Salz dazugeben!) und die Bohnen darin in ca. 1 Stunde weich kochen, dabei den Schaum gelegentlich mit einem Löffel abschöpfen.
2. Zwiebel und Knoblauch schälen und klein hacken. Fenchel putzen, waschen, in mundgerechte Stücke schneiden und das Fenchelkraut am Strunk sehr fein hacken.
3. Butterschmalz in einem Topf erhitzen, die Speckschwarte, Zwiebeln und Knoblauch darin anbraten.
4. Fenchelsamen und Kümmel in einem Mörser zerdrücken, mit dem Fenchel und dem Fenchelkraut in den Topf geben und kurz anbraten.
5. Mit dem Weißwein ablöschen. Die Bohnen, den Thymian, Peperoncinopulver und ⅔ der Gemüsebrühe hinzugeben, umrühren und Eintopf mindestens 20 Minuten bei geringer Hitze köcheln lassen. Dabei restliche Brühe und ggf. Wasser immer wieder nachgießen, je nach Bedarf. Mit Salz und Pfeffer abschmecken und die Speckschwarte vor dem Servieren wieder herausnehmen.

TIPP: Dazu passt ein gekühlter Weißwein – vielleicht der Rest aus der verwendeten Flasche. Prost!

Griebenschmalz mit Äpfeln, Zwiebeln und Majoran (Hungrige-Henker-Fett)

Das Fett von Hingerichteten, sogenanntes Arme-Sünder-Fett, verkaufte der Henker für teures Geld an Ärzte und Apotheken. Es sollte bei allen möglichen Leiden helfen, zum Beispiel bei Gicht. Klingt gruselig, war aber noch bis ins 19. Jahrhundert üblich. Ich hoffe, ich habe Ihnen jetzt nicht den Appetit verdorben. Denn das folgende Rezept ist sehr lecker! Ein Topf mit Griebenschmalz hatten (und haben) alle Wirtshäuser irgendwo stehen. Wenn die Küche schon geschlossen hat, gibt es immer noch ein Schmalzbrot. Ich finde, es schmeckt nichts besser zum Bier! Den Majoran nehme ich aus dem eigenen Garten. Er sollte auf alle Fälle frisch sein.

FÜR 2 GLÄSER À 500 ML

750g fetter Schweinebauch

250g Zwiebeln

1 säuerlicher Apfel

1 großer Bund frischer Majoran

Meersalz

1. Schwarte entfernen und den Schweinebauch in etwa 1cm große Würfel schneiden.
2. Würfel in einen Topf geben und bei geringer Hitze erwärmen, bis das Fett austritt. Dann den Schweinebauch bei stärkerer Hitze braten, bis er anfängt, knusprig zu werden – das dauert etwa 30 Minuten. Dabei immer wieder umrühren.
3. Inzwischen die Zwiebeln schälen und fein würfeln. Apfel schälen, das Kerngehäuse entfernen und das Fruchtfleisch in kleine Würfel schneiden.
4. Den Majoran waschen, die Blätter von den Zweigen zupfen und grob hacken.
5. Zwiebel-, Apfelstückchen, Majoran und 1 kräftige Prise Salz in den Topf geben und untermischen.
6. Weitere 30 Minuten garen, bis die Schweinebauchwürfel (die sogenannten Grieben) richtig knusprig sind, dabei immer wieder umrühren.
7. Griebenschmalz in vorher mit heißem Wasser gespülte Gläser oder Steinguttöpfe füllen, abkühlen lassen, dann gut verschließen und an einem kühlen Ort aufbewahren.

Georg Kuisls liebster Krautsalat

Was wäre die deutsche Küche ohne Weißkraut? Es ist nicht nur lecker, sondern auch gesund. Früher war Sauerkraut oft der einzige Vitamin-C-Spender, deshalb wurde es auch oft als Mittel gegen Skorbut auf langen Schiffsreisen mitgenommen. Die Kuisls essen in vielen meiner Romane Kraut, so zum Beispiel im Schongauer Wirtshaus »Glocke«, wo Simon die familiäre Wiedersehensfeier bezahlen muss. Sauerkraut selbst herzustellen ist ziemlich kompliziert und langwierig, anders sieht es mit einem deftigen Krautsalat aus. Er passt hervorragend zu Schweinebraten mit Knödeln, wie ihn Henkerssohn Georg etwa in Bamberg serviert bekommt.

Für 6 hungrige Henker als Beilage

- 1 Kopf Weißkohl (ca. 1kg)
- 3EL Salz
- 150ml Mineralwasser
- 2TL Pfeffer
- 6EL Sonnenblumenöl
- 4EL Weißwein- oder Kräuteressig
- 1EL Zucker
- 1TL Kümmel (Ich nehme immer ein bisschen mehr …)

1. Die äußeren Blätter vom Kohlkopf entfernen. Den Kopf vierteln und dabei den Strunk herausschneiden. Kohl in feine, ca. halbfingerlange Streifen schneiden oder mit dem Gemüsehobel fein raspeln (geht schneller).
2. Kraut in eine Schüssel geben, salzen, gut durchrühren, mit dem Mineralwasser übergießen und 30 Minuten ziehen lassen.
3. Das überschüssige Wasser abgießen und Kraut mit den Händen gut ausdrücken.
4. Aus den restlichen Zutaten in einer Schüssel ein Dressing anrühren, über das Kraut gießen, umrühren und abschmecken.
5. Krautsalat abgedeckt ein paar Stunden im Kühlschrank ziehen lassen.

Soleier

Früher gab es Soleier in jedem Wirtshaus. Warum eigentlich heute nicht mehr? Sie sind lecker und nahrhaft, eine hervorragende Grundlage für ein paar Gläser Bier oder Wein. Außerdem sehen sie in einem großen Glas auf dem Tresen gut aus. Im Grunde geht es bei diesem Rezept vor allem darum, die Eier haltbar zu machen. Das funktioniert mit sehr viel Salz. Salz war im Mittelalter eine eigene Währung, in der auch bezahlt wurde – viele Schmuggler verdienten sich damit ein goldenes Näschen. Mehr dazu in einem der Henkerstochter-Bände. In welchem, wird an dieser Stelle nicht verraten: Spoiler-Gefahr! Na, wissen Sie's?

Für 10 Eier

- 10 mittelgroße Eier
- 1 große Zwiebel
- 150ml Weißweinessig
- 700ml Wasser
- 60g Salz
- 50g Zucker
- 6 Wacholderbeeren
- 4 Pimentkörner
- 2TL schwarze Pfefferkörner
- 2 Lorbeerblätter
- 1TL getrockneter Estragon
- 2TL Kümmel

1. Die Eier anstechen und in einem Topf mit kochendem Wasser 10 Minuten garen. Danach herausnehmen, mit kaltem Wasser abschrecken und pellen.
2. Zwiebel schälen und würfeln. Einen großen Topf (ohne Öl) erhitzen und die Zwiebeln darin glasig dünsten.
3. Mit dem Weißweinessig ablöschen, dann das Wasser angießen.
4. Die restlichen Zutaten (außer den Eiern) hinzugeben und kurz aufkochen.
5. Eier in ein hohes, verschließbares Glas schichten, den noch heißen (aber nicht mehr kochenden) Sud darübergießen und Glas gut verschließen.
6. Eier abkühlen lassen und in den Kühlschrank stellen. Sie halten ca. 2 Wochen.

TIPP: Ich esse die Soleier am liebsten halbiert mit einem Klecks Senf zu meinem selbst gebackenen Bierbrot (siehe Seite 66). Wenn man die Eier mit Schale einlegt, halten sie länger. Dann sollte man aber auch doppelt so viel Salz nehmen.

Im Wald

»Während Jakob Kuisl zielbewusst durch den Wald schritt, blieb er immer wieder an Spinnweben hängen, die sich wie eine Maske über sein Gesicht legten. Das Moos schluckte das Geräusch seiner Schritte. Hier im Wald fühlte er sich wirklich zu Hause. So oft es sich einrichten ließ, ging er hierher, um Kräuter, Wurzeln und Pilze zu sammeln. Es hieß, keiner in Schongau wisse so gut über die Welt der Pflanzen Bescheid wie der Henker ...«

(Aus: Die Henkerstochter)

Wer von uns kann heute noch zweifelsfrei giftige Pilze von genießbaren Speisepilzen unterscheiden (und zwar ohne App)? Wer kennt die Heilpflanzen des Waldes, weiß, wo die besten Beeren wachsen, wo man schmackhafte Kräuter findet und wie man Fladen aus Bucheckernmehl bäckt? Für unsere Vorfahren war das kein Problem, sie wuchsen damit auf, das wertvolle Wissen wurde von Generation zu Generation weitergegeben

Auch Jakob Kuisl und seine Tochter Magdalena sind viel im Wald unterwegs. Dabei waren die Wälder damals, so kurz nach dem Dreißigjährigen Krieg, eine gefährliche Gegend. Hier hausten Räuber, Halunken und marodierende Söldner, die Straßen waren unsicher und bei schlechtem Wetter kaum befahrbar. Das ausgehende 17. Jahrhundert gilt als Hochzeit der Räuberbanden, deshalb hatten auch die Henker in dieser Zeit ein gutes Auskommen.

Für die Menschen damals war der Wald beides: gefährliches Terrain und Schutz vor Söldnern und Hunger. Wer nichts mehr zu essen hatte, der fand zumindest im Wald noch etwas. Gerade deshalb war es für die Leute in früheren Zeiten so wichtig, alle Speisepilze zu kennen.

Die Jagd auf Großwild war den einfachen Leuten bei Todesstrafe verboten. Ihnen blieb nur das Kleinwild: Feldhase, Kaninchen, aber auch Marder und Eichhörnchen. Mit den richtigen Waldkräutern und der einen oder anderen Wildzwiebel ließ sich daraus eine schmackhafte Mahlzeit zaubern.

Wer im Wald lebte, der stand in gewisser Weise außerhalb der Gesellschaft. Dazu gehörten die Köhler, weise Frauen, Schweinehirten, die die Schweine zur Eichelmast in die Wälder trieben, aber auch der sogenannte Zeidler, der Waldimker. Der Zeidler verfügte sogar über eine eigene Gerichtsbarkeit und durfte eine Armbrust besitzen, um sich vor Bären und Wölfen zu schützen.

Von meinem Vorfahren Jakob Kuisl heißt es in den alten Chroniken, er habe einen Wolf geschossen. Tatsächlich waren Wölfe in den Wäldern des 17. Jahrhunderts noch eine große Plage. Das hielt die Menschen jedoch nicht davon ab, sich im Wald ihre Nahrung zu beschaffen.

Papas Kräuterbutter

Die Menschen damals wussten, wie wohlschmeckend wilde Kräuter waren, sie waren die Gewürze des kleinen Mannes. Henkerstochter Magdalena sammelt Bärlauch in den Auen am Lech, und auch mein Vater geht heute noch, immer nach der Schneeschmelze im März, hinaus in die Natur und pflückt dort Kräuter für seine beliebte Kräuterbutter. Eingefroren hält sie sich das ganze Jahr über. Sie schmeckt hervorragend zu frisch gebackenem Brot und kann als Vorspeise gereicht werden. Die Kräuter sollten am besten 2 Stunden nach Sonnenaufgang an einem sonnigen Tag gesammelt werden, dann sind sie am intensivsten.

Für ½ Pfund Butter

1 große Handvoll Kräuter, davon etwa die Hälfte Bärlauch, ansonsten Dill, Petersilie, Pfefferminze, junger Giersch, Brennnessel, Schnittlauch, Sauerampfer, Brunnenkresse, Kapuzinerblüten, Gänseblümchen (Blätter und Blüten)

1TL Salz

250g weiche Butter

1. Die Kräuter waschen und trocken schütteln. Mit einem Wiegemesser sehr klein hacken. Keine Maschine verwenden, weil diese heiß läuft und den Geschmack und die Vitamine zerstört!
2. Die Kräuter in eine Schüssel geben und mit dem Salz vermischen. Die Butter zufügen und Kräuter mit einer Gabel kräftig in die weiche Butter einarbeiten, bis diese die grüne Farbe der Kräuter annimmt (das dauert eine Weile, nicht schlappmachen!).
3. In Frischhaltefolie zu einer Rolle formen. So lässt die Butter sich gut im Kühlschrank aufbewahren.

VORSICHT! Achten Sie unbedingt darauf, keine giftigen Kräuter zu pflücken. So sehen Maiglöckchenblätter dem Bärlauch zum Verwechseln ähnlich. Der Geruchstest hilft bei der Unterscheidung: Bärlauch riecht stark nach Knoblauch.

TIPP: Besonders hübsch sieht es aus, wenn Sie die Kräuterbutterbrote mit Gänseblümchen garnieren.

Omelette mit Wildkräutern

Hühner und anderes Federvieh hielt man damals zum Teil in der Stube, und zwar unter der Bank in vergitterten Verschlägen. Im Freilichtmuseum Glentleiten bei Kochel in Oberbayern steht ein Bauernhaus aus dem 17. Jahrhundert, das mir als Vorlage für das Haus der Kuisls diente. Es besitzt noch solche Hühnerbänke. Besuchen Sie es mal, wenn Sie einen Eindruck von der Stube des Henkers erhalten wollen! Jakob Kuisl wird sich sicher öfter mal ein paar Eier in die Pfanne geschlagen haben. Mit Kräutern aus dem Wald ein echtes Sonntagsfrühstück, wie ich es mir selbst gerne zubereite.

FÜR 2 FRÜHSTÜCKENDE HENKER

3–4 Eier (je nach Appetit)

Salz, Pfeffer

1 Schuss Sahne

½ Handvoll frisch gehackte Kräuter (z.B. Schnittlauch, Petersilie, Basilikum, Salbei und Blutampfer)

1 Schalotte

1EL Butter

Speckwürfel nach Belieben

ca. 3EL geriebener würziger Käse

1. Eier mit Salz, Pfeffer, Sahne und den Kräutern in eine Schüssel geben und mit dem Schneebesen gut verrühren.
2. Schalotte schälen und hacken.
3. Butter in einer Pfanne zerlassen und Schalotte sowie Speck, sofern verwendet, darin anbraten.
4. Die Eier-Kräuter-Masse darübergießen und garen, bis sie zu stocken beginnt.
5. Den Käse darüberstreuen und kurz schmelzen. Omelette wenden oder mit dem Pfannenwender in Stücke zerpflücken. Gleich aus der Pfanne servieren.

TIPP: Am besten schmeckt dazu selbst gebackenes Brot (siehe Seite 34), das mit frischer Butter bestrichen ist.

Pilzragout

Mit meinen Eltern bin ich als Kind oft zum »Schwammerlsuchen« gegangen, wie man in Bayern sagt. Das war für uns immer ein großes Abenteuer, wie eine Schatzsuche. Und noch heute frage ich meinen Vater, wenn ich mir bei Pilzen nicht sicher bin. Henkerstochter Magdalena muss ihren Vater sicher nicht fragen, sie weiß, welche Pilze essbar sind und welche als Gift taugen. Eigentlich seltsam, dass ich in meinen Krimis noch niemanden mit Knollenblätterpilzen vergiftet habe. Aber das kann ja noch kommen … Für dieses Rezept verwende ich Champignons und getrocknete Steinpilze. Sie können natürlich auch frische Steinpilze oder andere Pilze nehmen.

FÜR 4 SCHWAMMERL-SUCHER

- 800g Champignons
- 20g getrocknete Steinpilze
- 5 Schalotten
- 50g durchwachsener Speck
- 50g Butter
- je ½EL getrockneter Thymian und Rosmarin
- 125ml Rot- oder Weißwein (je nach gewünschter Farbe)
- 125ml Sahne
- 1EL Mehl (oder Speisestärke)
- Salz, Pfeffer aus der Mühle

1. Champignons putzen und in dünne Scheiben schneiden. Nicht waschen, sonst werden sie matschig.
2. Getrocknete Steinpilze in einer Tasse mit Wasser ca. 10 Minuten einweichen. Danach herausheben, gut abtropfen lassen (das Einweichwasser für später aufbewahren) und klein schneiden.
3. Schalotten schälen und würfeln, Speck in kleine Würfel schneiden. Butter in einer Pfanne erhitzen und beides darin andünsten.
4. Alle Pilze, Thymian und Rosmarin hinzugeben und so lange garen, bis die Champignons weich und leicht gebräunt sind.
5. 100ml des Weins zugießen und einkochen lassen, dann das Einweichwasser der Steinpilze und die Sahne einrühren und ca. 10 Minuten köcheln lassen.
6. Den restlichen Wein in eine Tasse gießen und das Mehl darin klumpenfrei verrühren. Mischung zu den Pilzen geben, unterrühren und Ragout einmal aufkochen lassen. Mit Salz und Pfeffer abschmecken.

TIPP: Als Kinder haben wir früher dazu gebuttertes Toastbrot gegessen. Das Ragout passt aber auch hervorragend als Beilage zu Wildgerichten. Oder Sie servieren dazu die Breznknödel von Seite 72.

Pilzrisotto mit Graupen

Graupen waren früher das Essen der armen Leute. Mein Vater hatte als Kind so viel davon, dass er sie bis heute nicht mehr sehen kann. Dabei handelt es sich bei Graupen um nichts weiter als um Rollgerste, also geschälte Gerstenkörner, die dadurch bekömmlicher sind. Nachdem die Körner einige Jahrzehnte aus den deutschen Speiseplänen verschwunden waren, bekommt man sie jetzt wieder in vielen Läden. Im Grunde handelt es sich dabei um den Reis des europäischen Mittelalters, auch bei den Kuisls werden Graupen oft auf dem Tisch gestanden sein. Probieren Sie dieses bayerische Risotto, das mit seiner körnigen Konsistenz wirklich sehr lecker ist. Statt der Champignons und getrockneten Steinpilze können Sie nach Belieben auch andere Pilze verwenden.

FÜR 4 ARME KÖHLER

- 250g Rollgerste
- 250g Champignons
- 20g getrocknete Steinpilze
- 1 mittelgroße Zwiebel
- 2EL Butter
- 125ml trockener Weißwein
- 350ml Gemüsebrühe (siehe Seite 16 oder aus Pulver bzw. Brühwürfeln)
- 1TL getrockneter Thymian
- 1 Zweig Rosmarin
- 100ml Sahne
- 25g geriebener Parmesan nach Belieben
- Salz, Pfeffer aus der Mühle

1. Rollgerste in einem Sieb waschen, über Nacht in einer Schüssel mit reichlich Wasser einweichen. Danach in ein Sieb abgießen und abtropfen lassen. (Es funktioniert auch ohne Einweichen, dann braucht die Gerste beim Kochen nur länger.)
2. Champignons putzen und klein schneiden. Die getrockneten Steinpilze in einer Tasse mit Wasser 10 Minuten einweichen. Anschließend herausnehmen, gut abtropfen lassen (das Einweichwasser für später aufbewahren) und klein schneiden.
3. Die Zwiebel schälen und hacken. Butter in einer Pfanne schmelzen und Zwiebeln darin glasig dünsten.
4. Die Rollgerste hinzugeben und kurz anbraten. Mit dem Wein ablöschen und Flüssigkeit kurz einkochen lassen.
5. Nach und nach (wie bei einem Reisrisotto) die Gemüsebrühe zugießen und einkochen lassen, bis eine weiche Masse entsteht. Auch das Einweichwasser der getrockneten Steinpilze verwenden.
6. Nach etwa 15 Minuten alle Pilze, den Thymian und den Rosmarinzweig hinzugeben und weitere 15 Minuten garen. Zum Ende hin die Sahne einrühren und alles köcheln lassen, bis die Gerste weich und die Sahne so weit reduziert ist, dass das Risotto eine cremige Konsistenz hat. Den Rosmarinzweig herausfischen.
7. Parmesan, sofern verwendet, einrühren und Risotto mit Salz und Pfeffer abschmecken.

TIPP: Dazu können Sie den gleichen Weißwein trinken, den Sie zum Kochen verwendet haben.

Blaubeerpfannkuchen

Entzündungshemmend, kreislaufstärkend, heilungsfördernd – das sind Eigenschaften, die man der Blaubeere oder Heidelbeere nachsagt. Und tatsächlich war die kleine Beere auch schon zu Kuisls Zeiten ein Superfood. Oft waren die Früchte des Waldes die einzige Energiequelle in der kalten Jahreszeit. Magdalena ist häufig draußen beim Beerensammeln für die Kuisl-Familie, und auch die Münchner Scharfrichtergattin Walburga Deibler bereitet sie im siebten Band als Kompott zu. Die Beeren lassen sich gut trocknen und über den Winter aufbewahren. Allerdings sollte man nicht mehr als ca. 60g getrocknete Früchte täglich verzehren, weil sie sonst Bauchschmerzen verursachen können. Peter und Paul haben sicher manchmal mehr genascht …

Für 4 Henkerskinder

- 125ml Milch
- 4 Eier
- 1 Prise Salz
- 150g plus 1EL Weizenmehl
- 200g Blaubeeren (frisch oder tiefgekühlt)
- 1 Prise gemahlener Zimt
- 2EL Zucker
- 3EL Rotwein (oder roter Fruchtsaft)
- Butterschmalz zum Backen
- Zimtzucker zum Bestreuen

1. Milch, Eier und Salz in einer Schüssel mit dem Schneebesen verquirlen. Langsam 150g Mehl dazugeben, gut verrühren und Teig 15 Minuten quellen lassen.
2. In der Zwischenzeit die Blaubeeren verlesen und waschen. In einen Topf geben und zum Kochen bringen, dabei evtl. 1–2EL Wasser zugeben. Zimt und Zucker einrühren, die Temperatur reduzieren und Blaubeeren ca. 10 Minuten köcheln lassen, bis sie weich sind wie Kompott.
3. Rotwein oder Fruchtsaft in einer Tasse mit dem restlichen Mehl klumpenfrei vermengen. Mischung in die köchelnden Blaubeeren rühren, sodass die Soße leicht sämig wird. Topf vom Herd nehmen.
4. Etwas Butterschmalz in einer Pfanne zerlassen, ¼ des Teiges in die Pfanne gießen und zu einem Pfannkuchen verlaufen lassen. Wenn die Unterseite angebraten ist, Pfannkuchen mit einem Pfannenwender umdrehen und fertig backen. Pfannkuchen auf einen Teller legen und warm halten. Vorgang 3 Mal wiederholen, bis der Teig aufgebraucht ist.
5. Wenn alle Pfannkuchen fertig sind, jeweils 3EL Blaubeerkompott daraufgeben und zusammenklappen. Noch warm mit Zimtzucker bestreut servieren.

Sachsenrieder Wildschweinrücken

Seit meiner Kindheit liebe ich Wildschweinbraten! Das hat vermutlich damit zu tun, dass ich so gerne Asterix-Comics gelesen habe, in denen Obelix ja immer ein ganzes Wildschwein auf einmal verdrückt. So viel schaffen wir nicht mal an Weihnachten, wenn die Großfamilie zusammensitzt … Die Wildschweine, die mein Freund Dominik schießt (und die wir zumindest in Teilen mit obelixhaftem Appetit verspeisen), stammen alle aus der Oberpfalz. Aber auch im Sachsenrieder Forst, der damals ein wilder, undurchdringlicher Wald zwischen Schongau und Kaufbeuren war, haben sich einst sicher etliche dieser borstigen Viecher herumgetrieben. Im achten Band reiten die Kuisls durch diesen Forst – allerdings ohne Wildschweinkontakt.

Für 4 Schongauer Hinkelsteinträger

- 1kg Wildschweinschulter
- 4 Wacholderbeeren
- ½TL Salz
- ½TL getrockneter Thymian
- 2 Msp. Pfeffer aus der Mühle
- 3–4 Knoblauchzehen
- 2EL Butterschmalz
- 80g durchwachsener Speck in Scheiben
- ca. 250ml Gemüsebrühe (siehe Seite 16 oder aus Pulver bzw. Brühwürfeln)
- 125ml Rotwein

1. Backofen auf 180°C Umluft vorheizen.
2. Das Fleisch waschen und mit Küchenpapier abtrocknen.
3. Die Wacholderbeeren in einem Mörser zerdrücken. Das Fleisch mit Salz und den Gewürzen einreiben.
4. Knoblauchzehen schälen, halbieren und in längliche Stäbchen schneiden. Den Wildschweinrücken mit einem Messer an mehreren Stellen leicht einstechen und mit den Knoblauchstücken spicken. Wenn möglich, über Nacht im Kühlschrank einwirken lassen.
5. Butterschmalz in einer Reine erhitzen, Fleisch von allen Seiten scharf anbraten.
6. Braten mit den Speckscheiben belegen und insgesamt ca. 2 Stunden im Ofen braten. (Auch hier hilft ganz unhistorisch ein Fleischthermometer: Das Fleisch sollte am Ende eine Kerntemperatur von 60°C haben.)
7. Nach 15 Minuten die Brühe seitlich angießen, den Bratensatz damit lösen und von Zeit zu Zeit mit einem Schöpflöffel etwas Soße über den Braten gießen.
8. Nach 45 Minuten den Rotwein seitlich zugießen, die Speckscheiben entfernen und den Braten etwa 1 Stunde weiter bräunen.
9. Das Fleisch aus der Reine nehmen und warm stellen (das geht am besten im Ofen bei leicht geöffneter Tür). Den Bratensatz mit einem Löffel etwas lösen, dann den Bratenfond durch ein Sieb in einen kleinen Topf abseihen, aufkochen und mit Salz und Pfeffer abschmecken.
10. Fleisch in Scheiben schneiden und Soße darübergießen.

TIPP: Der Wildschweinbraten schmeckt übrigens auch kalt als Brotzeit mit Brot und Senf lecker! Vielleicht bei einer Radtour durch den Sachsenrieder Forst auf den Spuren der Henkerstochter …

Brombeeressig

Brombeeren sind typische Waldbeeren. Henkerstochter Magdalena ist oft mit ihren Kindern im Wald unterwegs und sammelt die leckeren Beeren. Auch ich freue mich, wenn ich auf ausgedehnten Wanderungen auf Brombeeren stoße. Sie sind eine ausgezeichnete Erfrischung, enthalten viel Vitamin C, und ihre Gerbstoffe wirken bei Durchfall Wunder. Wenn die Dinger nur nicht so färben würden! Für diesen fruchtig schmeckenden Essig können Sie auch Himbeeren verwenden. Er ist übrigens ein ausgezeichneter Durstlöscher. Einfach ein paar Spritzer davon in ein Glas Wasser geben. Probieren Sie es mal! Das erfrischende Getränk half den Bauern früher durch den heißen Erntetag.

Für 2 Flaschen à 500 ml

500g frische Brombeeren (oder Himbeeren)

750ml Weißweinessig (nicht der billigste)

1. Beeren verlesen, entstielen und vorsichtig unter kaltem Wasser waschen. Dann mit einem Küchenpapier gründlich trocken tupfen.
2. Beeren in ein sauberes, verschließbares Gefäß füllen, den Essig darübergießen und Gefäß verschließen.
3. Für ca. 2 Wochen an einem kühlen Platz stehen lassen, bis der Essig schön violett ist.
4. Mischung durch ein Stofftuch in einen Krug abgießen und die Beeren dabei gut ausdrücken.
5. Essig in sterilisierte Flaschen füllen und dunkel lagern.

Mason
1Cup
STORAGE

Kaninchenbraten »Schongauer Art«

Kaninchen und Hasen waren das Wild des kleinen Mannes. Man fing sie oft in Schlingen, die man im Wald ausgelegt hatte. Weil sich diese Tiere so stark vermehren, sind sie auch ein Symbol für Fruchtbarkeit. Und deshalb kommt an Ostern, wenn die Natur sich wieder belebt hat und das Wachstum fortschreitet, eben nicht das Osterkänguru oder der Osterdackel, sondern der Osterhase. Ich habe meinen Kindern immer gesagt, dass nur derjenige einen Schokohasen zu Ostern bekommt, der diesen Zusammenhang versteht und auch erklären kann. Es ist nicht immer leicht, aus einer Schriftstellerfamilie zu stammen …

FÜR 4–5 HUNGRIGE RÄUBER

- 1 Hauskaninchen
- 1 Bund Suppengrün
- 10 Schalotten
- 2–3 Knoblauchzehen
- 1EL Butterschmalz
- 400ml Wildfond
- 8 Wacholderbeeren
- 4 Pimentkörner
- ein paar Zweige frischer Thymian
- 1 Lorbeerblatt
- 150ml Rotwein
- 150g Crème fraîche
- Salz, Pfeffer

1. Den Backofen auf 150°C Umluft vorheizen.
2. Kaninchen mit einem scharfen Messer zerlegen. Am besten der Länge nach halbieren, die Vorder- und Hinterläufe abschneiden und die Rückenteile noch mal in 3–4 Stücke zerteilen. Fleisch kalt abspülen und mit Küchenpapier trocken tupfen.
3. Suppengrün putzen, waschen und klein hacken. Schalotten und Knoblauch schälen und ebenfalls hacken.
4. Butterschmalz in einem Bräter zerlassen und die Kaninchenteile darin von allen Seiten anbraten. Das vorbereitete Gemüse hinzugeben und ebenfalls anbraten. Mit dem Fond ablöschen.
5. Wacholderbeeren und Pimentkörner in einem Mörser zerdrücken. Thymian waschen und die Blätter von den Stielen zupfen. Gewürze mit dem Lorbeerblatt in den Bräter geben. Den Deckel auflegen und Fleisch etwa 90 Minuten im Ofen schmoren. Dabei nach und nach den Rotwein zugießen.
6. Für die letzten 15 Minuten die Temperatur auf 200°C erhöhen und den Deckel abnehmen.
7. Kaninchen und Gemüse aus dem Bräter nehmen und warm stellen. Das Lorbeerblatt entfernen und Crème fraîche in den Bratenfond rühren. Soße mit Salz und Pfeffer abschmecken.
8. Kaninchenteile und Gemüse auf Tellern oder einer Platte anrichten und das Fleisch mit der Soße begießen.

TIPP: Zu dem Kaninchenbraten passen Spätzle (siehe Seite 18) wunderbar oder auch einfach nur selbst gebackenes Brot (siehe Seite 34).

Allerlei Süßes

»›Ich kann auch zaubern‹, murmelte Magdalena. ›Glaubt ihr mir?‹ Ihre Zuhörer rückten ängstlich ein wenig von ihr ab. Magdalena setzte eine verschwörerische Miene auf und machte einige rätselhafte Zeichen mit ihrer Hand. Dann flüsterte sie: ›Ich kann kandierte Früchte vom Himmel regnen lassen.‹ Sie warf das süße Konfekt in hohem Bogen in die Luft. Als sich die Kinder schreiend um die Früchte balgten, war sie schon hinter der nächsten Hausecke verschwunden.«

(Aus: Die Henkerstochter)

Schon immer waren die Menschen auf Süßes versessen. Im Mittelalter wurden Desserts deshalb nicht nur am Ende einer Menüfolge gereicht, sondern gerne auch mal als Zwischengang. Allerdings mussten sich die Kuisls bei der Zubereitung auf Honig und verdickte Fruchtsäfte beschränken – Zucker war nur etwas für die Upperclass oder wurde als Arznei in Apotheken verkauft. Der sündhaft teure Rohrzucker kam aus den Sklavenplantagen in Westindien.

Im Haushalt eines Nürnberger Patriziers im 17. Jahrhundert wurden pro Kopf jährlich 1½ –2 Kilogramm Zucker gegessen. Zum Vergleich: Heute sind wir bei über 30 Kilogramm!

Vermutlich haben sich die Enkel von Jakob Kuisl dadurch wesentlich gesünder ernährt als wir. Honig enthält wichtige Vitamine und stärkt die Abwehrkräfte. Damals wurde er zudem zum Konservieren von Nahrungsmitteln eingesetzt, oder man machte Met daraus, den Wein der alten Germanen. Kinder naschten getrocknete Apfelringe oder sogenannte Latwerge. Dabei handelt es sich um zähflüssigen Fruchtsirup, der auch als Medizin gereicht wurde. Beliebt war zudem das Süßholz, aus dem man Lakritze herstellte. Die Gegend um Bamberg herum war dafür bekannt: Im Band *Die Henkerstochter und der Teufel von Bamberg* bekommen Peter und Paul von ihrer Mutter ein paar Stangen, damit sie mit dem Quengeln aufhören. Das Süßholz wurde übrigens geraspelt – tja, und nun wissen Sie auch, woher unsere Redewendung vom Süßholzraspeln kommt …

Süße Äpfel wurden über den Winter im Keller eingelagert und dienten als wichtige Vitaminquelle. Sie waren klein und verschrumpelt, also ganz anders als die überzüchteten Apfelsorten heutzutage – trotzdem schmeckten sie köstlich, vor allem als Bratäpfel!

Was für ein Statussymbol Rohrzucker damals darstellte, zeigt sich auch an einem bizarren Detail: Schwarze, kariöse Zähne waren ein Zeichen für Reichtum! Verarmte Adlige und bankrotte Kaufleute färbten sich deshalb gelegentlich die Zähne schwarz, um zu zeigen, dass sie sich den teuren Zucker leisten konnten. Heutzutage hingegen sind weiße Zähne das neue Statussymbol. So ändern sich eben die Zeiten …

Arme Ritter

Ein Rezept für Arme Ritter, sogenannte »arme ritlere« findet sich schon in einem Kochbuch des 16. Jahrhunderts. Meine Mutter hat sie uns immer zubereitet. Später waren sie dann die absolute Leibspeise meiner eigenen Kinder. Noch heute kennen sie die Geschichte, die ihnen ihr Schriftsteller-Papa jedes Mal dazu auftischte ... Die Frau eines bösen Raubritters hatte große Angst. Schon bald würde ihr hungriger Mann heimkehren, und ihr Vorratskeller war fast leer. Sie hatte nur noch altes Brot, 2 Eier, ein wenig Zucker, Butter und Milch. Als der Ritter am Tisch saß und von dem neuen Gericht probierte, war er begeistert und ward fortan ein liebevoller Gatte ... Die Geschichte lässt sich auch hervorragend mit einem grummeligen Henker erzählen!

Für 4 Schlecker-Mäuler

- 250ml Milch
- 100g Zucker
- 1 Päckchen Vanillezucker
- 2 Eier
- 1 Prise Salz
- 8 Scheiben altes Weißbrot (oder Toastbrot)
- Butterschmalz (oder Butter) zum Braten
- Zimtzucker zum Bestreuen

1. Milch, Zucker, Vanillezucker, Eier und Salz in einer Schüssel mit dem Schneebesen schaumig schlagen.
2. Brotscheiben in eine Reine legen und mit dem Teig übergießen. Brot so lange einweichen lassen, bis es ganz durchgeweicht ist (das kann bis zu 1 Stunde dauern, je nachdem, wie alt das Brot ist).
3. Butterschmalz oder Butter in einer Pfanne zerlassen. Die Brotscheiben portionsweise aus der Reine heben, etwas abtropfen lassen und in der Pfanne von beiden Seiten goldbraun backen.
4. Noch warm und mit Zimtzucker bestreut servieren.

TIPP: Dazu passt am besten etwas Apfelmus.

Scheiterhaufen

Dieses Rezept darf in einem Henkerskochbuch natürlich nicht fehlen … Zumal es auch ziemlich oft bei uns auf dem Tisch steht. Das Verbrennen auf dem Scheiterhaufen war die typische Hinrichtungsart für Ketzer, Zauberer und Hexen. Aus einer Honorarliste, die ich für den Augsburger Scharfrichter gefunden habe, geht hervor, dass so ein Scheiterhaufen für meine Vorfahren eine üppige Einnahmequelle war. Für das Verbrennen gab es satte zehn Gulden, das viel häufigere Hängen wurde dagegen nur mit einem Gulden entlohnt. Der süße Scheiterhaufen ist allerdings ein ziemlich kostengünstiges Gericht, aber trotzdem wirklich lecker! Seinen Namen hat er vermutlich daher, dass man den Auflauf auch ganz hervorragend mit Schnaps flambieren kann.

Für 6 Henkersknechte und -mägde

- 5 alte Brötchen
- Butter für die Form und die Butterflocken
- 500ml Milch
- 3 Eier
- 100g Zucker
- 1 Päckchen Vanillezucker
- 2 Prisen Salz
- 500g Äpfel
- 50g Rosinen
- 1 Spritzer Zitronensaft
- ½TL gemahlener Zimt

1. Backofen auf 180°C Ober-/Unterhitze vorheizen.
2. Brötchen in dünne Scheiben schneiden. Eine fingerhohe Auflaufform gut mit Butter einfetten und die Hälfte der Brotscheiben hineinschichten.
3. Milch mit den Eiern, der Hälfte des Zuckers, dem Vanillezucker und dem Salz in eine Schüssel geben und mit dem Schneebesen schaumig schlagen. Die Hälfte der Milchmischung über die Brötchenscheiben in der Form gießen.
4. Äpfel schälen, entkernen, in dünne Scheiben schneiden und die Scheiben vierteln. In eine Schüssel geben und mit dem restlichen Zucker, Rosinen, Zitronensaft und Zimt vermischen. Auf den eingeweichten Brotscheiben verteilen.
5. Die restlichen Brötchenscheiben darüberschichten, dann die restliche Milchmischung darübergießen und einige Butterflocken auf der Oberfläche verteilen.
6. Scheiterhaufen etwa 30 Minuten im Ofen backen.

TIPP: Dazu passen Kompott und Zimtzucker. Wenn Sie wollen (und keine Kinder mitessen), können Sie den Scheiterhaufen auch flambieren. Dafür 1–2 Gläser hochprozentigen Schnaps (mindestens 40 %) in einem Topf leicht erwärmen und in einer Kelle anzünden. Dann vorsichtig über den Scheiterhaufen gießen. Aber zünden Sie nicht sich oder Ihre Gäste an! Auch auf den Hinrichtungsplätzen früher gab es einen Sicherheitsabstand zu den Zuschauern.

Quittenbrot

Schon Nostradamus soll für diese Süßigkeit geschwärmt haben, und sicher hat auch Henkersfrau Anna-Maria Kuisl im Herbst Quittenbrot gemacht. Das folgende Rezept stammt von der Patentante meiner Frau, von der wir jedes Jahr zu Weihnachten eine Kiste davon bekommen. Wir lieben es! Die Herstellung ist zwar eine ziemlich klebrige Angelegenheit, und das Trocknen dauert lange, aber das Brot passt wunderbar in die Weihnachtszeit, wenn man zu Hause ohnehin viel am Backen ist. Danke, Tante Uschi!

Für 20–40 Stück, je nach Größe und Dicke

- 6 Quitten
- Saft von 1 Zitrone
- Zucker nach Bedarf
- Hagelzucker, Kokosflocken oder gemahlene Mandeln zum Wälzen

1. Den Flaum von den Quitten mit einem trockenen Tuch sorgfältig abreiben. Quitten in große Stücke schneiden, dabei Stielansatz, Blüten und Gehäuse entfernen (man kann das Gehäuse auch dranlassen und erst nach dem Kochen entfernen, dann ist der Geschmack intensiver). Quittenstücke möglichst schnell in einen Topf legen, mit Zitronensaft beträufeln und so viel Wasser angießen, dass sie ganz damit bedeckt sind. So wird verhindert, dass sie sich braun färben (ist für den Geschmack aber unerheblich).
2. Das Wasser zum Kochen bringen und die Quitten etwa 40 Minuten köcheln lassen.
3. Die Quitten vorsichtig durch ein Sieb passieren, davor evtl. die Gehäuse entfernen. (Aus der abgeseihten Flüssigkeit lässt sich gut Quittengelee herstellen: dazu die gleiche Menge Gelierzucker untermischen und einkochen.)
4. Die Fruchtmasse abwiegen, wieder in den Topf geben und mit dem Stabmixer fein pürieren. Die gleiche Menge Zucker einrühren. Bei mittlerer Hitze unter ständigem Rühren 1 Stunde einkochen. Nicht anbrennen lassen!
5. Ein Kuchenblech oder eine große Auflaufform mit Backpapier auslegen. Die Paste ca. 1–2 cm hoch daraufstreichen und 2–3 Tage in einem warmen Raum trocknen lassen.
6. Quittenbrot in kleine Würfel oder Rauten schneiden, nach Belieben in Hagelzucker, Kokosflocken oder gemahlenen Mandeln wälzen (so verkleben sie nicht) und in einer Dose lagern. Die süßen Stückchen halten über die ganze Weihnachtszeit und auch noch länger.

TIPP: Wer will, kann das Quittenbrot auch bei ca. 100°C Ober-/Unterhitze mit leicht geöffneter Backofentür etwa 3–4 Stunden dörren, anstatt es an der Luft zu trocknen.

Topfen-Finger

Dieses Gericht hat uns meine Mutter oft gemacht, als wir Kinder waren. Sie kannte es von ihrer Mutter, die wiederum von ihrer Mutter und so weiter … Gut möglich also, dass schon Henkerstochter Magdalena ihren Kindern eine ähnliche Leckerei kredenzte! Die Finger sind einfach in der Zubereitung, machen satt, sind süß, und wenn man sie mit der Hand isst, kann man sich wunderbar damit einsauen – was erwartet man von einem Kindergericht mehr? Aber auch Erwachsene lieben das Topfengebäck zum Kaffee oder Tee am Nachmittag.

FÜR 5 HENKERSKINDER

- 500g Topfen (also Quark)
- ca. 250g Weizenmehl plus mehr für die Arbeitsfläche
- 2 Eier
- 1 Päckchen Trockenhefe
- 1 Päckchen Vanillezucker
- 4EL Zucker
- 3–4EL Butterschmalz

1. Alle Zutaten bis auf das Butterschmalz in eine Schüssel geben und mit einem Holzkochlöffel gut verrühren, bis ein fester Teig entsteht. Er sollte so fest sein, dass man daraus Finger rollen kann, sonst noch etwas mehr Mehl einarbeiten.
2. Eine Arbeitsfläche mit Mehl bestreuen, den Teig daraufgeben, Teigportionen abnehmen und dicke Finger daraus formen.
3. Butterschmalz in einer Pfanne erhitzen und die Finger darin rundum goldbraun braten.

TIPP: Die Topfen-Finger schmecken am besten mit Zimtzucker bestreut und mit Kompott oder Apfelmus.

Hollerkücherl

Hollerbeeren (also Holunderbeeren) hatten früher eine magische Komponente. Denken Sie nur an Frau Holle oder auch an den Kinderreim, in dem die Kinder unter dem Hollerbusch sitzen. Zu Kuisls Zeiten gab es Hollersträuche an allen Ecken und Enden. Heute muss man schon ein wenig danach suchen. Wenn man einen gefunden hat, pflückt man für dieses Rezept die schönsten blütenweißen Dolden, und zwar im Mai und Juni, nur dann blüht der Holunder. Der Geruch ist fantastisch! Der Saft der Holunderbeeren ist zwar gesund, färbt aber auch sehr stark und lässt sich nur schwer wieder abwaschen. Im ersten Band der Henkerstochter-Saga wird damit ein Venusmal auf die Haut gemalt. Sie erinnern sich? Das folgende Rezept stammt von meiner Urgroßmutter Ani, die noch eine geborene Kuisl war.

FÜR 10 KÜCHERL

- 10 Hollerdolden
- 4 Eier
- 250g Weizenmehl
- 1 Prise Salz
- 1EL Zucker
- 500ml Milch
- ca. 6EL Butterschmalz
- Puderzucker zum Bestreuen

1. Die Hollerdolden gut waschen und abtropfen lassen, Blätter entfernen.
2. Die Eier trennen. Das Eigelb mit den restlichen Zutaten (außer dem Schmalz und dem Puderzucker) in einer Schüssel zu einem Teig verrühren.
3. Das Eiweiß in einer zweiten Schüssel mit dem Handmixer zu festem Schnee schlagen und mit einem Holzlöffel unter den Teig heben.
4. Butterschmalz in einer kleinen Pfanne zerlassen. Die Hollerdolden in den Teig tauchen und sofort im Fett schwimmend goldgelb ausbacken.
5. Die Hollerkücherl auf Küchenpapier abtropfen lassen und mit Puderzucker bestreuen.

Ani Kuisls Butterplätzchen

Plätzchenbacken wird in Familien meist weitervererbt. Oft kennt die Oma noch Rezepte von ihrer eigenen Oma, die sie wiederum von ihrer Großmutter hat … Jede Familie hat da so ihre Spezialrezepte. Meist fängt die Liebe zum Backen (und Kochen) ja mit den ersten selbst gemachten Plätzchen an. Und selten sieht eine Küche so fürchterlich aus wie nach einem frühkindlichen Backüberfall. Dieses Rezept stammt von meiner Mutter, die es wiederum von ihrer Großmutter … Na ja, Sie wissen schon. Vielleicht hat also auch Magdalena schon ähnliche Plätzchen gebacken. Ich mache immer gleich eine ganze Menge, weil ich viele verschenke – und sie auch selbst sehr gerne esse.

FÜR CA. 100 PLÄTZCHEN, JE NACH GRÖSSE

- 750g Weizenmehl plus mehr für die Arbeitsfläche
- 500g weiche Butter
- 250g Puderzucker
- 2 Päckchen Vanillezucker
- 1 Päckchen Backpulver
- 1 Prise Salz
- 3EL kaltes Wasser
- 5 Eigelb

1. Alle Zutaten (bis auf 2 Eigelb) in eine Schüssel geben und mit dem Handmixer gut verkneten. Aus dem Teig 2 Kugeln formen.
2. Teigkugeln in Frischhaltefolie einwickeln und ca. 1 Stunde in den Kühlschrank legen.
3. Backofen auf 150°C Umluft vorheizen.
4. Teig auf der mit Mehl eingestäubten Arbeitsfläche mit dem Nudelholz dünn ausrollen. (Sie können auch nur 1 Kugel nehmen und die andere einfrieren.) Mit einer beliebigen Ausstechform Plätzchen ausstechen.
5. Bleche mit Backpapier belegen, die Plätzchen vorsichtig mit einem Schaber von der Arbeitsfläche lösen, auf die Bleche setzen und 15 Minuten im Ofen backen, dabei nach der Hälfte der Zeit mit dem verquirlten Eigelb bestreichen.
6. Plätzchen aus dem Ofen nehmen und auf dem Blech auskühlen lassen.

Zwetschgenbavesen

Bavesen sind der bayerische French Toast! Im Grunde sind sie (wie Arme Ritter) eine weitere Möglichkeit, aus altem Brot noch etwas Schmackhaftes zu zaubern. Jede Familie hat ihr eigenes Rezept. Und weil hungrige Kinder nicht lange warten können, muss es schnell gehen. Hier also das Turbo-Rezept. Wenn die Zutaten bereitstehen, ist nach 20 Minuten der Henkerstisch gedeckt – und die Henkerskinder sind glücklich. Danach bitte gut den Mund abwischen, sonst hat man die Marmelade an den Sofakisssen, an den Wänden, am Boden, eigentlich überall … Ich spreche aus Erfahrung!

Für 4 Henkerskinder

- 8 Scheiben Toastbrot
- Zwetschgenmus nach Bedarf
- 250ml Milch
- 2 Eier
- 1 Prise Salz
- 4EL Semmelbrösel
- Butterschmalz
- Zimtzucker zum Bestreuen

1. Die Brotscheiben im Toaster rösten.
2. 4 Scheiben dick mit Zwetschgenmus bestreichen, dann jeweils 1 unbestrichene Scheibe darauflegen, sodass 4 süße Sandwiches entstehen.
3. 3 tiefe Teller nebeneinanderstellen, die Milch kommt in den ersten Teller.
4. In dem zweiten Teller Eier und Salz mit einer Gabel verquirlen, die Semmelbrösel in den dritten Teller streuen.
5. Die Sandwiches durch die Milch ziehen, bis sie sich damit vollgesogen haben, dann in der Eimasse und danach in den Semmelbröseln wenden.
6. Butterschmalz in einer Pfanne zerlassen und die Bavesen darin von beiden Seiten goldbraun backen. Mit Zimtzucker bestreuen, fertig!

Kandierte Walnüsse

Meine Großmutter hatte einen großen Walnussbaum im Garten. Jedes Jahr sammelte sie die Nüsse, sie standen in Schüsseln auf dem Tisch in der Küche und im Wohnzimmer. Ich liebte es, sie mit dem Nussknacker zu knacken! Nüsse sind wahre Energiebomben und sehr gesund. Sie enthalten viele ungesättigte Fettsäuren, Mineralstoffe und Vitamine. Seit jeher dienen sie den Menschen als Energiequelle und als kandierte Süßigkeit. Auch auf Schongaus Märkten werden die Kinder zu Magdalenas Zeiten darum gebettelt haben. In der Papiertüte eignen sich die frisch kandierten Nüsse im Winter zudem als Handwärmer. Das folgende Rezept geht natürlich auch mit anderen Nüssen oder Mandeln. Aber in Gedenken an meine Oma nehme ich am liebsten Walnüsse. Mein Testesser Paul – neun Jahre – war begeistert!

FÜR 2–3 HANDWÄRMENDE PAPIERTÜTEN

- 200g Walnusskerne
- 5EL Zucker
- 5EL Wasser

1. Alle Zutaten in einer Pfanne vermischen und bei mittlerer Hitze rösten, bis der Zucker braun geworden ist und karamellisiert, dabei immer wieder rühren und größere Zuckerklumpen zerteilen.
2. Die Nüsse auf einem mit Backpapier belegten Backblech ausbreiten und trocknen lassen, damit sie nicht zusammenkleben.
3. In Tüten füllen und dann damit zum Schlittschuhfahren, Schlittenfahren oder Eisstockschießen gehen.

Heilkunde

»Die Heilkünste Jakob Kuisls waren berühmt, weit über die Grenzen der Stadt hinaus. Wie alle Scharfrichter verdiente Kuisl sein Geld weniger mit Exekutionen und Folterungen, von denen es jedes Jahr höchstens eine Handvoll gab, sondern vielmehr mit dem Heilen und dem Verkauf von Salben, Pillen und Tinkturen. Auch ein Stück vom Henkersstrick oder den Daumen eines Diebes konnte man bei ihm erwerben …«

(Aus: Die Henkerstochter und der schwarze Mönch)

Essen hält Leib und Seele zusammen, und es hat oft auch heilende Wirkung. Das wussten schon meine Vorfahren! Heutzutage spricht man von Soulfood und Powerbowls – für Henkersgattin Anna-Maria waren das vermutlich nahrhafte Semmelknödel und eine heiße Brennsuppe mit Kräutern, in der die Grieben schwammen. Tatsächlich galten die Kuisls nicht nur als gute Henker, sondern auch als hervorragende Heiler. Im sogenannten Apothekerschrank von Anna-Maria Kuisl lagerten viele Arzneien, die sicher auch ihren Weg in die Küche fanden.

Zwar waren den Menschen damals Begriffe wie Vitamine, Immunsystem oder Viren noch unbekannt, doch sie wussten auch so, dass eine Hühnersuppe bei Erkältungen hilft, Baldrian und Melisse bei Schlafstörungen und Zwiebel- und Quarkumschläge bei Fieber.

Die sogenannte Vier-Säfte-Lehre des Mittelalters ging davon aus, dass die verschiedenen Körpersäfte im Gleichgewicht sein mussten. Nahrungsmittel wurden deshalb in »warm«, »kalt«, »feucht« oder »trocken« eingeteilt. Cholerikern wurde beispielsweise empfohlen, ihre Nahrungsmittel nicht zu stark zu würzen, weil sie sonst der Schlag träfe. Weil Fisch als kalt und feucht galt, sollte er frittiert oder im Ofen gebacken werden. Das trockene Rindfleisch hingegen wurde entsprechend in Wasser gekocht. Helleres Schweinefleisch ließ sich besser am offenen Feuer rösten. Gute Köchinnen und Köche wussten so etwas, und Ärzte waren im Mittelalter damit immer auch so etwas wie Ernährungsberater.

Der junge Arzt Simon Fronwieser hält nicht sehr viel von der Vier-Säfte-Lehre, vor allem wegen des damals weit verbreiteten Aderlassens. Um ein Gleichgewicht der Körpersäfte herzustellen, wurde den Menschen oft Blut abgezapft, und zwar in großen Mengen. Bereits geschwächte Patienten starben dann nur umso schneller.

Das Gleichgewicht von Elementen findet sich übrigens auch in der heutzutage so hippen Ayurveda-Therapie. Hier gibt es ebenfalls unterschiedliche Körpertypen, denen eine entsprechend angepasste Ernährungsweise, Dampfbäder und Massagen empfohlen werden. Scharfrichter Jakob Kuisl hätte über solch moderne Wellnessmethoden vermutlich nur den Kopf geschüttelt und stattdessen zur Streckbank gebeten.

Dr. Faustus' Theriak

Theriak war über viele Jahrhunderte ein Allheilmittel, jede Apotheke hatte ihr eigenes Rezept. Auch Henker Kuisl kennt eine Zubereitung, ebenso wie Simons Vater Bonifaz Fronwieser. Die erste Tinktur stammt der Sage nach aus der Antike, wo sie König Mithridates gegen Schlangenbisse verwendete. Die Zutaten waren früher reichlich unappetitlich, enthalten waren neben Kräutern auch Entenblut, Schlangen- und Krötenfleisch. Übrig geblieben ist davon der beliebte Kräuterbitter. Das folgende Theriak-Rezept stammt von meinem Vater, der ihn aus sage und schreibe 40 Kräutern seines Gartens herstellt! Als Arzt weiß er um die heilende Wirkung jedes einzelnen dieser Kräuter. Sie können den Theriak natürlich auch mit anderen oder viel weniger Kräutern zubereiten. Wichtig ist nur, dass Sie keine giftigen verwenden. Viel Spaß beim Experimentieren!

FÜR 5 FLASCHEN À 750 ML

- 40 Kräuter, je 1 Handvoll: Pfefferminze, Erdbeerblätter, Himbeerblätter, Borretsch, Ringelblume, Johannisbeerblätter (schwarz), Solidago, Hopfensprossen, Rosenblätter, gelbe Königskerze, Jiaogulan, Brahmi, Rucola, Zitronenmelisse, Brutblatt, Damiana, Umckaloabo, Lavendel, Johanniskraut, Bohnenkraut, Oregano, Thymian, Rosmarin, Schafgarbe, Majoran, Dill, Petersilie, Kapuzinerkresse, Ananassalbei, Duftgeranie, Gotu Kola, Salbei, Schachtelhalm, Frauenmantel, Kerbel, Liebstöckel, Basilikum, Kalmus
- 9 Gewürze: 1TL Koriandersamen, 10 schwarze Pfefferkörner, 2–3 Kardamomkapseln, 5 zerdrückte Wacholderbeeren, 1 Zimtstange, 2EL Anis, 2–3 Sternanis, 7 Gewürznelken, 2EL Fenchelsamen
- 150g brauner Krümelkandis
- 5 Flaschen Doppelkorn (oder Wodka; mind. 38 %)

1. Kräuter waschen, trocken schütteln und mit den Gewürzen in ein großes gläsernes und verschließbares Gefäß füllen.
2. Kandis und Alkohol dazugeben.
3. Gefäß verschließen und Mischung 4 Wochen an einem sonnenbeschienenen Fenster stehen lassen, dabei alle paar Tage leicht schütteln und bewegen.
4. Mischung durch ein Sieb in eine Kanne abgießen und dann in Flaschen abfüllen. Der Theriak bekommt mit der Lagerung zusätzliche Reife.

Hühnersuppe mit frischem Thymian

Dass Hühnersuppe bei Erkältungen hilft, weiß man schon seit Kuisls Zeiten. Tatsächlich lassen die Inhaltsstoffe die Nasenschleimhäute abschwellen. Der Thymian schützt zusätzlich bei grippalen Beschwerden, da das darin enthaltene ätherische Öl gegen Viren und Bakterien wirken soll. Im ersten Band der Henkerstochter-Saga kocht das Waisenkind Sophie für ihre Freundin, die fieberkranke Clara, eine Hühnersuppe. In einer unterirdischen Höhle verstecken sie sich vor einem unheimlichen Bösewicht, der aus einem fiebrigen Albtraum zu kommen scheint. Man sollte die Suppe ganz heiß löffeln, sodass die ätherischen Dämpfe während des Essens in die Nase steigen.

Für 4 Schnupfennasen

- 2l Wasser
- Salz
- 1 Suppenhuhn mit bereits ausgelösten Innereien (ca. 2½kg)
- 1 Bund Suppengrün mit Petersilie
- 1 große Zwiebel
- 2 Lorbeerblätter
- 1 Zweig Rosmarin
- Pfeffer
- einige Zweige frischer Thymian

1. Wasser mit etwas Salz in einem großen Topf zum Kochen bringen.
2. Das Huhn waschen, mit Herz und Magen in das kochende Wasser legen und ca. 2 Stunden schwach sprudelnd köcheln lassen. Das Huhn sollte ganz vom Wasser bedeckt sein. Zwischendurch mit einem Löffel immer wieder den Schaum abschöpfen.
3. Petersilie und Suppengrün waschen, putzen, klein schneiden und nach den 2 Stunden Kochzeit in die Brühe geben.
4. Zwiebel schälen, halbieren und mit den Lorbeerblättern, 1½TL Salz und dem gewaschenen Rosmarinzweig ebenfalls in die Brühe geben. 30 Minuten weiterköcheln lassen.
5. In den letzten 5 Minuten die Hühnerleber hinzugeben.
6. Huhn und Innereien mit dem Schaumlöffel aus der Brühe heben. Brühe durch ein Sieb in einen zweiten Topf passieren und mit Salz und Pfeffer abschmecken.
7. Hühnerfleisch und Leber klein schneiden (wer will, kann auch Herz und Magen kochen). Thymian waschen, die Blätter von den Zweigen zupfen und mit dem Fleisch in die Brühe geben. Suppe sehr heiß servieren!

TIPP: Sie können in die Brühe auch noch Karottenscheiben oder Suppennudeln geben und diese kurz weich kochen. Ich gebe zu, das Kochen dauert etwas, aber es lohnt sich! Außerdem kann man dazwischen auch gut die Betten aufschütteln, lüften oder kurz zur Apotheke fahren.

Lindenblütentee mit Honig und Rosmarin

Ein Sud aus Lindenblüten kommt in vielen meiner Romane vor, ganz einfach deshalb, weil er eines der ältesten und beliebtesten Heilmittel ist. Lindenblüten werden traditionell bei fiebrigen Erkältungen, erkältungsbedingtem Husten und Schleimhautentzündungen der oberen Atemwege eingesetzt. Die Inhaltsstoffe lassen Sie ordentlich schwitzen, und das ist gut so. Außerdem soll der Sud beruhigen, er ist ein vorzüglicher Stress-Killer. Im zweiten Teil der Henkerstochter-Saga verabreicht Simon ihn der kranken Clara, wobei er auch noch ein wenig Rosmarin verwendet. Das darin enthaltene ätherische Öl ist dem von Eukalyptus sehr ähnlich und wirkt ebenso bei Erkältungskrankheiten. Außerdem sieht der Zweig in der Tasse einfach hübsch aus!

Für 1 Tasse

1–2TL Lindenblüten (Sie bekommen die Blüten in Apotheken und Drogerien, oft schon als Tee.)

Honig nach Belieben

1 frischer Rosmarinzweig

1. Lindenblüten in einer Tasse mit siedendem Wasser aufgießen und 7 Minuten ziehen lassen. Dann durch ein Sieb in eine zweite Tasse abseihen.
2. Den Tee mit Honig nach Belieben süßen. Den Rosmarinzweig waschen und in die Tasse stellen.

TIPP: Trinken Sie mehrere Tassen Lindenblütentee täglich, bis die Erkältung nachlässt.

Hypocras

Bei diesem Getränk, dem allerlei heilsame Eigenschaften zugesprochen wurden, handelt es sich im Grunde um eine Art leckeren Gewürzwein. Das Rezept soll zurückgehen auf den griechischen Arzt Hippokrates, auch schon die Römer der Antike tranken ihn gerne. Der alte Jeremias serviert ihn Henkerssohn Georg in *Die Henkerstochter und der Teufel von Bamberg*, und auch Simon und Magdalena genießen in meinen Romanen an kalten Tagen und zur Kräftigung gerne mal einen Becher Gewürzwein. Oft wurde auf diese Weise saurer Wein erst trinkbar gemacht. Er ist zudem ein hervorragender Schlaftrunk!

FÜR ETWA 5–6 BECHER

- 5 Koriandersamen
- 4 Kardamomkapseln
- 1 Sternanis
- 3 Pfefferkörner
- 375ml Weißwein
- 2 Zimtstangen
- 4 Gewürznelken
- etwas geriebene Muskatnuss
- 3–4 Scheiben frischer Ingwer
- abgeriebene Schale von ½ Bio-Zitrone
- 150g Zucker (oder Honig)
- 750ml Rotwein (muss nicht der beste sein)

1. Koriandersamen, Kardamom, Sternanis und Pfefferkörner in einem Mörser zerstoßen.
2. Weißwein mit allen Gewürzen, Ingwer, Zitronenabrieb und Zucker oder Honig in einen Topf geben, kurz aufkochen und umrühren. Topf vom Herd nehmen.
3. Den Rotwein untermischen und Trunk 30 Minuten ziehen lassen. Dann durch ein Sieb in ein verschließbares Gefäß abseihen und 2–3 Tage an einem sonnenbeschienenen Fenster ziehen lassen.
4. Gewürzwein heiß servieren.

Grüne Suppe

Kräuter haben vielerlei heilende Wirkung. Sie gelten als verdauungsfördernd, appetitanregend, entgiftend, helfen bei Erkältungen, ja sie können sogar die Stimmung heben. In dieser Suppe sind viele gute Kräuter vereint. Einige davon werden meine Vorfahren ebenso gesammelt haben, wie es jetzt noch mein Vater in seinem Garten tut. Die Suppe ist eine perfekte Vorspeise und duftet so gut wie der Kräutergarten meiner Eltern!

Für 4–6 Suppenkasper

- 4 Handvoll Kräuter aus dem Garten (z.B. Schnittlauch, Petersilie, junger Löwenzahn, Kresse, Kerbel, Bärlauch, Brennnessel, Sauerampfer, Pimpinelle)
- 1 mittelgroße Zwiebel
- 2EL Butter
- 2EL Mehl
- 1l Gemüsebrühe (siehe Seite 16 oder aus Pulver bzw. Brühwürfeln)
- 1 Eigelb
- 125ml Sahne
- Salz, Pfeffer

1. Kräuter waschen und fein hacken. Zwiebel schälen und ebenfalls hacken.
2. Butter in einem Topf zerlassen und Zwiebeln darin glasig dünsten.
3. Mehl einrühren und kurz anbräunen. Die Brühe angießen und Suppe unter Rühren kurz aufkochen lassen.
4. Topf vom Herd nehmen, die Kräuter einrühren und alles mit dem Stabmixer pürieren.
5. Eigelb in einer Schüssel mit der Sahne verrühren und unter die Suppe heben (nicht mehr kochen!). Suppe mit Salz und Pfeffer abschmecken.

Fichtenspitzen-Schnaps

Folgendes Rezept stammt (wie auch die nachfolgenden Heilkunde-Rezepte) von einer echten Hexe, na ja fast … Kräuterhexe Uschi Engelwurz gibt in Schongau Kräuterkurse, man kann sie auch in ihrem Turm in der Nähe des früheren Lechtors besuchen, dem sogenannten Kasselturm. Ich war schon oft dort, ein sehr inspirierender Ort, nicht nur für Schriftsteller von historischen Romanen! Junge Fichtenspitzen enthalten ätherische Öle, Vitamin C und Gerbstoffe. Man sammelt sie im April und Mai, allerdings pro Baum nur ein paar und nicht die oberen Triebe, damit sich die Fichte noch entwickeln kann. Der Schnaps soll bei Heiserkeit und Erkältung helfen. Am besten gibt man ihn in dampfenden Tee. Aber nicht zu viel davon!

FÜR 1 FLASCHE À 750 ML

- 1 Handvoll junger Fichtenspitzen
- 1 Flasche Korn (750ml)
- 4EL Waldhonig

1. Fichtenspitzen waschen, in eine 1-l-Flasche füllen, sodass diese zu etwa ⅓ gefüllt ist.
2. Den Korn in einem Topf erwärmen (nicht kochen) und den Honig darin unter Rühren auflösen. Die Mischung mithilfe eines Trichters in die Flasche gießen und verschließen.
3. Schnaps 3 Monate ziehen lassen, dann in einen Krug abseihen und in eine Flasche abfüllen.

Wald-Pralinen

Kann man Nadeln essen? Man kann! Zumindest die jungen Triebe von Tannen oder Fichten. Sie sind weich und schmecken leicht säuerlich, zitrusähnlich, auch eine Spur harzig. In diesem Rezept von Kräuterhexe Uschi Engelwurz werden die Spitzen in Schokolade getaucht. Klingt seltsam, ist aber gerade deshalb ein echtes Erlebnis und ein tolles Mitbringsel! Und gesund sind diese Pralinen auch, zumindest, wenn man sie in Maßen isst. Allerdings sollte man die Triebe auf keinen Fall mit den Spitzen der Eibe verwechseln – auch ein Nadelbaum, der allerdings sehr, sehr giftig ist (die Nadeln der Eibe sind platter). Uschi Engelwurz rät zudem, vorher mit dem Waldbesitzer zu reden, bevor man die Triebe abpflückt. Rehe werden für derlei Waldfrevel erschossen ...

FÜR 40 PRALINEN

- 40 junge Triebe von Fichte oder Tanne
- 250g Schokoladenkuvertüre (je nach Geschmack: weiße, Vollmilch oder zartbitter)

1. Triebe waschen und gut abtropfen lassen.
2. Kuvertüre auf einem Wasserbad schmelzen: Dafür die Kuvertüre grob zerteilen, in eine hitzebeständige Schüssel geben und diese auf einen Topf mit heißem Wasser stellen. Kuvertüre unter Rühren schmelzen.
3. Die Schüssel mit der geschmolzenen Kuvertüre vom Topf nehmen und die Triebe am besten mit einer Pinzette in die Schokolade tauchen. Herausnehmen, auf ein Backpapier legen und trocknen lassen.

TIPP: Sie können die Pralinen gut in verschließbaren Gläsern im Kühlschrank lagern, so bleiben sie frisch und kleben nicht zusammen. Sie sind auch hervorragend geeignet zur Dekoration von Torten oder Desserts. Ein echter Hingucker und immer wieder eine kulinarische Überraschung!

Uschis Johanniskraut-Balsam

Johanniskraut kommt in vielen meiner Romane vor. Es ist eine Heilpflanze, die vielerlei Verwendung in der Volksmedizin findet: gegen Depressionen und Angstzustände ebenso wie bei Migräne, Fieber und Bronchitis. Als Salbe soll sie bei Geschwüren, Narbenschmerzen, trockener Haut, Verstauchungen und Blutergüssen helfen. Ein echtes Wundermittel also, das Henkerstochter Magdalena um den Johannistag (24. Juni) herum sammelt, wenn die Pflanze blüht. Eine Wirkung von Johanniskraut bei leichten Depressionen konnte mittlerweile wissenschaftlich nachgewiesen werden. Doch wie so oft ersetzen alternative heilkundliche Anwendungen natürlich nicht die Schulmedizin. Das muss ich als Arztsohn hier doch mal loswerden ...

FÜR CA. 8 KLEINE DOSEN

- 3 Handvoll Johanniskrautblüten
- 200ml gutes Olivenöl
- ca. 20g Bienenwachs

1. An einem sonnigen Tag die Blüten ernten (sie sollten einige Stunden von der Sonne beschienen worden und ganz trocken sein).
2. Die Blüten leicht anquetschen, in ein Schraubglas füllen und mit dem Olivenöl übergießen. Die Blüten sollten ganz mit dem Öl bedeckt sein.
3. Glas in die Sonne stellen, bis das Öl eine weinrote Farbe angenommen hat (das dauert ca. 1 Woche), dabei täglich schütteln.
4. Mischung durch ein Sieb in einen emaillierten Topf abseihen. Öl erwärmen und das Bienenwachs im Öl schmelzen, dabei mit einem Holzkochlöffel umrühren.
5. Balsam in Salbendosen abfüllen und abkühlen lassen.

Aus fernen Landen

»Simon saß unten in der Wohnstube neben dem Feuer und sah dem Kaffee beim Kochen zu. Mit der Nase sog er den fremdartigen und stimulierenden Duft ein und schloss dabei die Augen. [...] Vor einem Jahr erst hatte ein Augsburger Händler einen Beutel der kleinen harten Bohnen nach Schongau gebracht. Der Händler pries sie als Wundermittel aus dem Morgenland an. Die Türken würden sich damit in einen Blutrausch trinken, und auch im Bett sollte es sagenhafte Wirkung besitzen ...«

(Aus: Die Henkerstochter)

Die sogenannte Frühe Neuzeit, also die Zeit ab etwa 1500, ist eine Zeit der großen Umbrüche, auch in der Ernährung. Die Menschen gingen auf Entdeckungsfahrten, sie reisten nach Amerika oder über das Kap der Guten Hoffnung nach Arabien und weiter nach Indien und Asien. Von dort brachten sie neue Nahrungs- und Genussmittel mit.

Tee, Schokolade und Kaffee kamen mit Schiffen nach Europa. Vor allem der Kaffee wurde schnell sehr beliebt, obwohl die Pfarrer von ihren Kanzeln gegen das heidnische Höllengetränk wetterten und die Kaffeehäuser als Lasterhöhlen verfluchten. Das lag auch daran, dass der Kaffee vom osmanischen Reich aus seinen Eroberungsfeldzug in Europa antrat. Die ersten Kaffeehäuser standen in Mekka.

Simon liebt Kaffee! Er hilft ihm beim Denken. Der Scharfrichter Jakob Kuisl hingegen ist ganz dem Tabak verfallen. Dieser kam ursprünglich aus Amerika, wo ihn bereits Christoph Kolumbus kannte. Matrosen lernten von den Eingeborenen die Kunst des Rauchtrinkens und brachten den Tabak dann in die europäischen Häfen.

Zu den exotischen Lebensmitteln gehörten auch Pomeranzen und Zitronen, wie sie der Venezianer Silvio Contarini im Band *Die Henkerstochter und der König der Bettler* in seinem Garten züchtet. Sie wuchsen ursprünglich nur im Süden, wurden aber schnell Mode in den deutschen Barockgärten, wo man versuchte, sie in Gewächshäusern zu züchten – so auch im Garten des Bamberger Fürstbischofs im Band *Die Henkerstochter und der Teufel von Bamberg*.

Die Tomate hatte es da schon schwerer. Sie galt lange Zeit als giftig und wurde nur als Zierpflanze gehalten. Erste Rezepte aus Italien stammen aus der Mitte des 17. Jahrhunderts.

Kartoffeln als deutsches Nationalgericht werden Sie in meinen Romanen nicht finden. Sie setzten sich erst im 18. Jahrhundert durch. Es war der Preußenkönig Friedrich II., der sie seinen Untertanen angeblich dadurch schmackhaft machte, dass er die Pflanzen von Soldaten bewachen ließ. So dachten die Bauern, dass es sich um etwas unglaublich Wertvolles handeln müsse, und stahlen die Kartoffeln nachts von den Feldern. Ein genialer Trick! Aber eben nicht aus der Zeit der Henkerstochter …

Heidentopf

Mit den aufziehenden Türkenkriegen, die vor allem in den fortgeschrittenen Bänden der Reihe eine Rolle spielen, begegneten den Menschen in unseren Breitengraden auch neue Gewürze: Kreuzkümmel, Gewürznelken, Chilischoten, Sesam … Mit diesem von mir selbst kreierten Rezept versuche ich, diesen neuartigen Geschmacksexplosionen Rechnung zu tragen. Was wohl meine Vorfahren dazu gesagt hätten? Nun, die meisten der Gewürze hätten sie sich ohnehin nicht leisten können, sie wurden mit Gold aufgewogen. Allenfalls im noblen Schongauer »Semer-Wirt« wurde damit gekocht. Sie können übrigens das Fleisch weglassen, wenn Sie ein vegetarisches Gericht haben wollen, das geht hervorragend!

Für 5 Heiden (oder Christen)

- 1 große Zwiebel
- 3 Knoblauchzehen
- 3–4 Karotten
- 250g Lammfleisch
- 40ml Sonnenblumenöl
- 1 Handvoll entsteinte Dörrpflaumen
- 1 Handvoll Rosinen
- 400g stückige Tomaten aus der Dose
- je 250g weiße Bohnen und Kichererbsen aus der Dose (oder getrocknet und über Nacht eingeweicht, dann nur jeweils 125g im getrockneten Zustand)
- 4TL gemahlener Kreuzkümmel
- je 1TL gemahlener Koriander, edelsüßes Paprikapulver und Pfeffer
- 3 Gewürznelken
- ½TL gemahlener Zimt
- 1TL Salz
- 2 Prisen Zucker
- Saft von ½ Zitrone
- 4EL Tahine (Sesampaste)

1. Zwiebel und Knoblauch schälen und hacken. Karotten putzen, waschen und in ca. 1cm dicke Scheiben schneiden.
2. Fleisch in mundgerechte Stücke schneiden und in einem Topf mit Öl anbraten.
3. Zwiebeln, Knoblauch und Karotten zugeben und kurz anbraten. Mit 250ml heißem Wasser ablöschen.
4. Dörrpflaumen hacken und mit den Rosinen und Tomaten unterrühren.
5. Bohnen und Kichererbsen in ein Sieb abgießen und abtropfen lassen. In den Topf geben und so viel heißes Wasser zugießen, bis alle Zutaten damit bedeckt sind.
6. Gewürze zufügen und Eintopf mindestens 1 Stunde bei geschlossenem Deckel köcheln lassen, bis das Fleisch weich ist. Dabei immer wieder umrühren.
7. Heidentopf mit Salz und Zitronensaft abschmecken und zum Schluss die Sesampaste einrühren. Die Nelken vor dem Servieren herausfischen.

TIPP: Mit frischem Brot und Tee reichen und im Schneidersitz im Zelt essen!

Simons Kaffee

Simons Liebe für Kaffee zieht sich durch die ganze Henkerstochter-Saga. Und seine Leidenschaft deckt sich mit meiner. Mein Sohn Niklas hat sich neulich darüber amüsiert, dass ich mir freie Fotografen, Toningenieure und Lektorinnen gerne auch nach der Qualität ihrer Kaffeemaschinen aussuche … Für mich ist ein guter Kaffee eben der perfekte Anfang für eine funktionierende Arbeitsbeziehung! Das folgende Rezept entspricht der arabischen Zubereitung. Sie müssen diesen Kaffee nicht mögen, aber probieren sollten Sie ihn. Damit kann man nächtelang Romane schreiben, ich weiß, wovon ich rede!

Für 2 Tassen Kaffee

- 250ml Wasser
- 2EL fein gemahlenes Kaffeepulver (am besten frisch gemahlen)
- 1TL gemahlener Kardamom (je nach Geschmack mehr oder weniger)
- 2 Gewürznelken
- 1 Safranfaden
- 1EL Rosenwasser

1. Wasser in einem Topf aufkochen, dann die Hitze reduzieren.
2. Das Kaffeepulver einrühren und 3 Minuten sanft köcheln lassen.
3. Den Herd ausschalten, Kardamom, Nelken, Safran und Rosenwasser einrühren, 5 Minuten ruhen lassen, bis sich das Kaffeepulver abgesetzt hat. Dann vorsichtig in die Tassen gießen.

TIPP: Den Kaffee am besten schwarz trinken, ohne Zucker, so wie Simon es tut. Dazu Datteln reichen oder Bitterschokolade. Und sofort hinsetzen und einen Roman schreiben …

Aliahmads Auberginen

Unserem afghanischen Patensohn Aliahmad ist mein Roman *Der Spielmann* gewidmet. Er ist ein ebenso leidenschaftlicher Koch wie ich und über die Jahre ein Teil des Kuisl-Clans geworden. Ich habe ihn gebeten, mir sein Familienrezept für gebratene Auberginen für dieses Kochbuch zu verraten. Denn das Gericht schmeckt umwerfend gut! Hätte es Auberginen vor 300 Jahren in Bayern gegeben, ich bin sicher, Henkerstochter Magdalena hätte das Rezept geliebt. In Italien kennt man das schwarzblaue Gemüse immerhin seit dem 15. Jahrhundert. Vielleicht hat also der Venezianer Silvio Contarini aus dem dritten Band die Henkerstochter damit verführt?

FÜR 4 WEITREISENDE PILGER

- 1kg Auberginen
- Salz
- 180ml plus 2EL Sonnenblumenöl
- 1 große Zwiebel
- 1EL Tomatenmark
- 125ml warmes Wasser
- ½TL Pfeffer aus der Mühle
- 1TL gemahlener Koriander
- 3 Knoblauchzehen
- 2 kleine getrocknete Chilischoten (aufpassen wegen der Schärfe!)
- 1 große Tomate
- 150g Magerquark
- 150g Joghurt
- Minzblätter zum Garnieren

1. Auberginen waschen, putzen und streifig schälen (sodass nur noch die Hälfte der Schale vorhanden ist). Dann in 1cm dicke Scheiben schneiden. Diese mehrfach mit einer Gabel einstechen, reichlich mit Salz bestreuen und in einer Schüssel 30 Minuten ziehen lassen.
2. Auberginenscheiben anschließend mit Küchenpapier trocken tupfen und in einer großen Pfanne portionsweise in insgesamt 120ml Öl von beiden Seiten goldbraun braten. Aus der Pfanne nehmen und beiseitestellen.
3. Zwiebel schälen und würfeln. 60ml Öl in der Pfanne erhitzen und die Zwiebeln darin glasig dünsten. Tomatenmark in einer Schüssel mit dem warmen Wasser verrühren, zu den Zwiebeln geben und alles dicklich einkochen. Mit Salz, Pfeffer und Koriander würzen.
4. Knoblauch schälen, hacken und mit den Chilischoten und dem restlichen Öl in einer Schüssel mit einer Gabel zerdrücken und vermischen. In die Soße geben und mit einkochen. Soße aus der Pfanne in ein anderes Gefäß umfüllen.
5. Auberginenscheiben in die Pfanne schichten. Die Tomate waschen, in Scheiben schneiden und auf die Auberginenscheiben legen. Die Soße darübergießen, einen Deckel auflegen und Gemüse bei geringer Hitze 5–10 Minuten garen.
6. Währenddessen Quark und Joghurt in einer Schüssel verrühren. Mit den Auberginen auf einem Servierteller anrichten und mit Minzblättern garnieren.

TIPP: Dazu schmeckt am besten frisches Weißbrot oder selbst gebackenes (siehe Seite 34) und Ayran (Wasser mit Joghurt und ein wenig Salz). Das Gericht ist erfrischend und wärmend zugleich!

Aliahmads Safranreis

Auch dieses Reisrezept stammt von unserem Patensohn. Er macht für unsere Feste jedes Mal einen großen Topf davon. Safranreis ist eines der bekanntesten iranischen Gerichte und wird zu einer Vielzahl von Kebabs, Eintöpfen und anderen beliebten iranischen Gerichten serviert. Dieses Essen ist für Iraner so wichtig, dass es schon die Kinder lernen. Im Iran sind das meist die Mädchen – bei uns in der Familie scheint die Kochleidenschaft mehr auf die Söhne übergegangen zu sein. Aber das kann sich ja noch ändern!

Für eine 6–8-köpfige Familie als Beilage

2TL Safranfäden

400g Basmatireis

2EL Salz

5EL Sonnenblumenöl

1. Safranfäden in einem Mörser zerdrücken, in ein kleines Glas füllen, gut mit 4EL lauwarmem Wasser verrühren und ca. 1 Stunde stehen lassen.
2. Reis in einer großen Schüssel gut waschen, um überschüssige Stärke zu entfernen. In ein Sieb abgießen und spülen, bis das ablaufende Wasser vollständig klar ist.
3. Reis wieder in die Schüssel geben und so viel lauwarmes Wasser zugießen, dass der Reis ganz damit bedeckt ist. Das Salz einrühren und den Reis 20 Minuten einweichen.
4. Einen großen Topf zur Hälfte mit Wasser füllen und dieses zum Kochen bringen. Den Reis in einem Sieb noch mal spülen und dann in das kochende Wasser schütten.
5. Ca. 7 Minuten kochen, bis der Reis an die Oberfläche steigt. (Der Reis sollte außen weich und innen etwas fest sein.)
6. Reis in ein Sieb abgießen und mit 1 Tasse kaltem Wasser abschrecken.
7. Den Topf auswaschen, abtrocknen und das Öl darin erhitzen. Die Hälfte der Safranflüssigkeit hineingießen. Den gekochten Reis vorsichtig in den Topf geben, nicht umrühren.
8. Ein Tuch und dann erst den Deckel auf den Topf legen. Reis 30 Minuten bei sehr niedriger Hitze ziehen lassen.
9. Die restliche Safranflüssigkeit zugeben und mit 2 Kochlöffeln umrühren. Unten im Topf hat sich eine leckere Safrankruste gebildet, diese mit dem Reis servieren.

Zitronen-Tarte

Zitronen waren damals etwas ganz Besonderes. In Deutschland sind sie erst ab dem 15. Jahrhundert bekannt, und da zunächst nur unter den reichen Leuten. Die Henkerstochter Magdalena lernt sie im dritten Band beim venezianischen Gesandten Silvio Contarini kennen, und im fünften Band wachsen sie in Bamberg in den Gewächshäusern des Fürstbischofs. Wegen des kalten Klimas gingen viele der Pflanzen allerdings wieder ein. Hobbygärtner heutzutage kennen das Problem vermutlich.

FÜR 1 TARTE

Für den Boden:

- 125g weiche Butter plus mehr für die Form
- 250g Weizenmehl plus mehr für die Arbeitsfläche
- 75g Zucker
- 1 Prise Salz
- 1 Eigelb
- 1EL kaltes Wasser

Für Füllung und Guss:

- 2 Bio-Zitronen
- 2 Eier
- 240g Zucker
- 500g Ricotta
- 50ml Limoncello
- 2EL Wasser

1. Eine Springform mit etwas Butter einfetten.
2. Mehl, Zucker, Salz, die restliche Butter in Stückchen, Eigelb und das kalte Wasser in eine Schüssel geben und mit den Händen schnell zu einem Teig verkneten.
3. Die Arbeitsfläche mit Mehl bestäuben und den Teig darauf mit dem Nudelholz ausrollen. Den Boden der Form und einen 3cm hohen Rand mit dem Teig auslegen. Teig am Boden mehrmals mit der Gabel einstechen und Form 30 Minuten in den Kühlschrank stellen.
4. Den Backofen auf 150°C Umluft vorheizen.
5. Für die Füllung die Zitronen waschen und abtrocknen. Von 1 Zitrone die Schale fein abreiben und die Frucht auspressen.
6. Die Eier mit 180g Zucker in eine Schüssel geben und mit dem Schneebesen schaumig schlagen. Ricotta portionsweise einarbeiten. Zitronenschale und Zitronensaft einrühren. Masse auf dem Teig verteilen und mit einem Löffel glatt streichen.
7. Tarte ca. 1 Stunde im Ofen backen. Herausnehmen und auskühlen lassen.
8. Die zweite Zitrone in sehr dünne Scheiben schneiden. Limoncello, Wasser und den restlichen Zucker in einem kleinen Topf verrühren und kurz aufkochen. Zitronenscheiben hinzufügen und ca. 10 Minuten bei geschlossenem Deckel und niedriger Hitze köcheln lassen. Anschließend Topf vom Herd nehmen und Zitronenscheiben und Sirup abkühlen lassen.
9. Zitronenscheiben aus der Flüssigkeit heben und auf der Tarte verteilen, dann den Sirup darüberträufeln.

Kissen des Sultans

Gewürze wurden damals gehandelt wie Gold. Sie kamen auf Schiffen und mit Karawanen von weit her – eben aus den Ländern, wo der Pfeffer wächst. Später kaufte man sie in den sogenannten Kolonialwarenhandlungen, ein Begriff, den die Älteren von uns sicher noch kennen. Das folgende Rezept stammt von der großartigen Kochschule Eisenherz, mit der ich etliche Kochkurse gemacht habe und die ich hiermit wärmstens empfehle. Ich mag den Namen des Rezepts, der nach einem Märchen aus dem Morgenland klingt! Außerdem ist das Gericht die perfekte Vorspeise für orientalische Nächte mit vielen Geschichten.

Für 4 Sultane

- 8 quadratische Scheiben TK-Blätterteig
- 1 kleine Zwiebel
- je 1 rote, gelbe und grüne Paprikaschote
- 2 Tomaten
- 50g getrocknete Aprikosen
- 1TL Butter
- 1TL Honig
- ½TL gemahlener Zimt plus mehr zum Bestreuen
- ½TL orientalische Gewürzmischung (z.B. Kurkuma, Currypulver, gemahlener Kardamom)
- 1 Ei
- etwas Mehl für die Arbeitsfläche

1. Den Blätterteig auftauen lassen.
2. Die Zwiebel schälen und sehr klein würfeln.
3. Die Paprikaschoten putzen und waschen. Die Tomaten waschen und jeweils den Stielansatz entfernen. Beide Gemüse sowie die Aprikosen fein würfeln.
4. Butter in einer Pfanne schmelzen und Zwiebeln, Gemüse und Aprikosen ca. 5 Minuten darin weich dünsten.
5. Währenddessen den Backofen auf 180°C Ober-/ Unterhitze vorheizen.
6. Gemüse mit Honig, Zimt und Gewürzmischung würzen.
7. Das Ei trennen. Eigelb und Eiweiß jeweils in eine Tasse geben und verquirlen.
8. Die Blätterteigquadrate auf der bemehlten Arbeitsfläche etwas ausrollen, auf einer Hälfte mit dem Gemüse belegen, dabei einen Rand frei lassen, und die Ränder mit Eiweiß bestreichen. Die freie Teigseite über die Füllung falten, sodass »Kissen« entstehen, und die Ränder gut andrücken. Taschen mit Eigelb bestreichen.
9. Kissen 20–30 Minuten im Ofen backen. Nach Belieben mit Zimt bestäuben und warm servieren.

Sonnensuppe

Dies war lange Zeit die Lieblingssuppe meiner Kinder. Sie ist einfach zuzubereiten und sehr nahrhaft. In der kalten Zeit macht sie nach dem Schlittenfahren oder einem langen Winterspaziergang den Bauch schön warm. Wir haben sie Sonnensuppe genannt wegen ihrer hellen Farbe – aber auch, weil Kürbis ein Gemüse ist und Kinder nun mal nicht so gerne Gemüse essen … Ursprünglich aus Mittel- und Südamerika kommend wurde der Kürbis hierzulande lange nur als Viehfutter verwendet. Eigentlich schade. Auch die Henkersenkel Peter und Paul hätten sich sicher über so eine Sonnensuppe gefreut.

FÜR 6 HUNGRIGE SONNENKINDER

- 1 Hokkaidokürbis
- 1 mittelgroße Zwiebel
- 1 Knoblauchzehe
- 1 kleines Stück frischer Ingwer
- 2EL Butter
- 500ml Gemüsebrühe (siehe Seite 16 oder aus Pulver bzw. Brühwürfeln)
- 150ml Sahne
- Salz, Pfeffer
- geriebene Muskatnuss

1. Kürbis waschen, mit einem großen Messer vierteln, die Kerne und die Fasern entfernen und das Fruchtfleisch in daumenlange Stücke schneiden.
2. Zwiebel, Knoblauch und Ingwer schälen und klein hacken (ergibt etwa 1 gehäuften EL gehackten Ingwer).
3. Butter in einem Topf schmelzen und Zwiebeln, Knoblauch und Ingwer darin weich dünsten. Kürbis zugeben und kurz anbraten.
4. Die Brühe angießen und Suppe etwa 20 Minuten köcheln lassen, bis der Kürbis ganz weich ist. Dann mit einem Stabmixer pürieren.
5. Die Sahne einrühren und erwärmen, aber Suppe nicht mehr kochen lassen.
6. Mit Salz, Pfeffer und Muskatnuss abschmecken.

TIPP: Wer möchte, kann beim Servieren ein wenig Aceto balsamico oder Kürbiskernöl auf die Suppe träufeln, je nach Geschmack. Dabei in der hellen Sonnensuppe mit einem Zahnstocher die dunklen Essig- oder Öltropfen zu Kreisen ziehen, das sieht sehr schön aus. Mit Croûtons oder Weißbrot servieren.

Venezianische Ravioli à la Contarini

Ravioli stammen vermutlich aus Ligurien, wo sie der Resteverwertung dienten. In den Teigtaschen lässt sich vieles verstecken, was noch gut schmeckt, aber vielleicht nicht mehr ganz so schön aussieht. Im Grunde sind es italienische Maultaschen, wobei die Italiener die Zubereitung und auch die Form verfeinert haben. Es gibt Quadrate, Halbkreise, Rechtecke, Dreiecke … Henkerstochter Magdalena lernt sie im dritten Teil der Saga in Regensburg kennen, wo der venezianische Gesandte Silvio Contarini einen Ball veranstaltet. Man kann Ravioli gut mit Kindern machen: Es ist im Grunde wie Plätzchenbacken. Auf diese Weise lernen die Kleinen auch, dass die leckeren Teigtaschen gar nicht im Supermarkt in Konservendosen »wachsen« …

Für etwa 20 Ravioli

Für den Teig:

- 500g Weizenmehl plus mehr für die Arbeitsfläche
- 4 Eier
- 1 Prise Salz
- 3EL weiche Butter

Für die Füllung:

- 100g Blattspinat
- 1 mittelgroße Zwiebel
- 1 Knoblauchzehe
- 1EL Butter
- 100g Walnusskerne
- 100g Mozzarella
- 250g Ricotta
- 1 Eigelb
- Salz, Pfeffer
- geriebene Muskatnuss

Zum Servieren:

- geschmolzene Butter
- geriebener Parmesan

1. Für den Teig Mehl, Eier, Salz und Butter in eine Schüssel geben und mit dem Handmixer gut verkneten (je länger, desto besser). Teig 30 Minuten im Kühlschrank ruhen lassen.
2. Derweil für die Füllung den Spinat verlesen, waschen und gut abtropfen lassen.
3. Zwiebel und Knoblauch schälen und klein hacken. Butter in einer großen Pfanne zerlassen und Knoblauch und Zwiebeln darin glasig dünsten.
4. Den Spinat hinzugeben und mitdünsten, bis er in sich zusammengefallen ist. Die Spinatmischung in ein Sieb geben und sehr gut abtropfen lassen (besser noch in ein Tuch wickeln und die Flüssigkeit ausquetschen). 10 Minuten abkühlen lassen, dann hacken.
5. Die Walnusskerne in einem Mörser zerkleinern.
6. Mozzarella abtropfen lassen, klein schneiden, mit dem Ricotta, den Walnüssen, dem Eigelb und der Spinatmasse in einer Schüssel verrühren.
7. Füllung mit Salz, Pfeffer und Muskatnuss abschmecken (eher kräftiger, da die Teigtaschen wenig Eigengeschmack haben). Sollte die Masse noch zu wässrig sein, etwas Mehl einarbeiten.
8. Teig auf einer bemehlten Arbeitsfläche mit dem Nudelholz sehr dünn ausrollen. Mit einem Glas ca. 8cm große Kreise ausstechen. Jeweils etwas Füllung in die Mitte eines Kreises setzen, einen zweiten Kreis darüberlegen und mit den Zinken einer Gabel die Ränder gut festdrücken. Vorgang wiederholen, bis der Teig aufgebraucht ist.
9. Salzwasser in einem Topf zum Kochen bringen. Die Temperatur reduzieren und die Ravioli im Wasser ca. 7 Minuten ziehen lassen. Mit einem Schaumlöffel herausheben, abtropfen lassen und sofort mit geschmolzener Butter beträufelt und mit Parmesan bestreut servieren.

TIPP: Sollte Füllung übrig bleiben, können Sie den Rest auf geröstetes Brot streichen, im Ofen überbacken und zu den Ravioli servieren – sehr lecker!

Zutatenregister

A

Aceto balsamico 26, 36
Ananassalbei 120
Anis 120
Apfel 42, 48, 56, 76, 104
Aprikosen 58, 148
Aubergine 142

B

Bachforelle 38
Backpflaumen 58
Bärlauch 84, 128
Basilikum 86, 120
Basmatireis 144
Belegkirschen 58
Bienenwachs 134
Bier 66, 68
Birne 48, 58
Blätterteig 40, 148
Blattspinat 50, 152
Blaubeeren 92
Blutampfer 86
Bohnen 74, 138
Bohnenkraut 120
Borretsch 120
Brahmi 120
Brennnessel 84, 128
Brezen 72
Brombeeren 96
Brot 24
Brötchen 24, 50, 68, 104
Brunnenkresse 84
Brutblatt 120
Buttermilch 58

C

Champignons 30, 40, 88, 90
Chili 34, 142
Cranberrys 58
Crème fraîche 98
Currypulver 148

D

Damiana 120
Datteln 58
Dill 84, 120
Doppelkorn 120
Dörrpflaumen 58
Duftgeranie 120

E

Ei 18, 22, 40, 44, 50, 52, 54, 60, 68, 72, 80, 86, 92, 102, 104, 108, 110, 112, 114, 128, 146, 148, 152
Erdbeerblätter 120
Essig 26, 33, 96
Estragon 80

F

Fasan 42
Feigen 58
Fenchel 74
Fenchelsamen 20, 26, 66, 74, 120
Fichtenspitzen 130, 132
Fleischbrühe 32
Forelle 38
Frauenmantel 120
Früchte 44
Fruchtsaft 56, 92
Fruchtsoße 44

G

Gans 48
Gänseblümchen 84

Gemüsebrühe 14, 16, 24, 26, 36, 68, 74, 90, 94, 128, 150
Gewürznelke *siehe* Nelken
Giersch 84
Gotu Kola 120
Graupen 90

H

Hackfleisch 50, 68
Haferflocken 12
Hähnchen 70
Haselnuss 56, 58, 60
Hauskaninchen 98
Hefe 34, 52, 54, 62, 66, 108
Herbes de Provence 30
Himbeeren 56, 96
Himbeerblätter 120
Hokkaidokürbis 150
Hollerdolden 110
Holunder 110
Honig 12, 42, 44, 56, 66, 124, 126, 130, 148
Hopfensprossen 120
Huhn 30, 122

I

Ingwer 126, 150

J

Jiaogulan 120
Joghurt 142
Johannisbeerblätter 120
Johannisbeergelee 32
Johanniskraut 120, 134

K

Kaffeepulver 140
Kakao 58, 60
Kalmus 120
Kaninchen 98
Kapuzinerblüten 84
Kapuzinerkresse 120
Kardamom 12, 120, 126, 140, 148
Karotte 16, 20, 30, 42, 138
Käse 14, 86, *siehe auch* Parmesan
Kerbel 120, 128
Kichererbsen 138
Knoblauch 14, 16, 20, 26, 34, 40, 42, 50, 70, 74, 94, 98, 138, 142, 150, 152
Knollensellerie *siehe* Sellerie
Kokosflocken 106
Königskerze 120
Koriander 66, 120, 126, 138, 142
Korn 130
Kräuteressig 78
Kresse 128
Kreuzkümmel 138
Kümmel 14, 16, 18, 20, 26, 66, 74, 78, 80, *siehe auch* Kreuzkümmel
Kürbis 150
Kurkuma 148

L

Lamm 20, 138
Lauch 16, 30
Lauchzwiebel 24
Lavendel 120
Liebstöckel 120
Limoncello 146
Lindenblüten 124
Linsen 26
Lorbeer 16, 20, 33, 80, 98, 122
Löwenzahn 126

M

Magerquark 142
Majoran 24, 42, 48, 50, 68, 76, 120
Mandeln 62, 106
Marmelade 56
Milch 12, 22, 52, 54, 58, 62, 68, 72, 92, 102, 104, 110, 114, 132
Minze 44, 142, *siehe auch* Pfefferminze
Mozzarella 152
Muskat 50, 68, 72, 126, 150, 152

N

Nelken 56, 58, 60, 120, 126, 138, 140

O

Oblaten 60
Olivenöl 16, 34, 42, 70, 134
Orangeat 60, 62
Oregano 70, 120

P

Paprika 70, 138, 158
Paranuss 58
Parmesan 16, 90, 152
Peperoncino 74
Petersilie 16, 30, 40, 50, 68, 72, 84, 86, 120, 122, 128
Pfefferminze 84, 120
Pflaumen 58, 138
Piment 33, 80, 98
Pimpinelle 128
Portwein 42

Q

Quark 108, 142
Quitten 106

R

Ras el-Hanout 36
Rauchbier 68
Rauchspeck 68, *siehe auch* Speck
Rehrücken 32
Reis 144
Ricotta 146, 152
Rinderschulter 36
Ringelblume 120
Roggenmehl 66
Rollgerste 90
Rosenblätter 120
Rosenwasser 140
Rosinen 62, 104, 138
Rosmarin 20, 30, 34, 38, 42, 50, 70, 88, 90, 120, 122, 124
Rotwein 20, 30, 32, 36, 56, 88, 92, 94, 98, 126
Rucola 120
Rum 60
Rumrosinen 62

S

Safran 140, 144
Sahne 12, 32, 40, 44, 86, 88, 90, 128, 150
Salbei 86, 120
Sauerampfer 84, 128
Sauerkraut 18
Schachtelhalm 120
Schafgarbe 120
Schalotte 24, 30, 40, 42, 86, 88, 98
Schnittlauch 84, 86, 128
Schokoladenkuvertüre 132
Schwein 40, 68, 76
Sellerie 16, 30
Senf 42, 68
Sherry 42
Solidago 120
Speck 18, 30, 32, 40, 68, 74, 86, 88, 94
Spinat *siehe* Blattspinat
Steinpilze 88, 90
Sternanis 120, 126
Suppengrün 26, 30, 98, 122
Suppenhuhn 122

T

Tahine 138
Tellerlinsen 26
Thymian 14, 16, 30, 32, 34, 40, 42, 48, 50, 70, 74, 88, 90, 94, 98, 120, 122
Toastbrot *siehe* Weißbrot
Tomate 30, 138, 142, 148
Tomatenmark 20, 36, 142
Topfen 108
Trockenfrüchte 58

U

Umckaloabo 120

V

Vanille 22, 52, 62, 102, 104, 108, 112

W
Wacholder 20, 32, 80, 94, 98, 120
Waldhonig 130
Walnuss 116, 152
Weißbrot 14, 102, 114
Weißkohl 78
Weißwein 14, 16, 74, 90, 126
Weißweinessig 78, 80, 96
Wildfond 98
Wildschwein 94
Wodka 120

Z
Zimt 12, 56, 58, 60, 92, 102, 104, 114, 120, 126, 138, 148
Zitronat 60, 62
Zitrone 22, 38, 54, 58, 62, 70, 104, 106, 126, 138, 146
Zitronenmelisse 120
Zwetschgenmus 114
Zwiebel 14, 16, 20, 26, 32, 36, 48, 50, 68, 72, 74, 76, 80, 90, 122, 128, 138, 142, 148, 150, 152, *siehe auch* Lauchzwiebel, Schalotte

Über den Autor

© Frank Bauer

Oliver Pötzsch, Jahrgang 1970, arbeitete nach dem Studium zunächst als Journalist und Filmautor beim *Bayerischen Rundfunk*. Heute lebt er als Autor mit seiner Familie in München. Seine historischen Romane haben ihn weit über die Grenzen Deutschlands bekannt gemacht: Die Bände der *Henkerstochter*-Serie sind internationale Bestseller und wurden in mehr als 20 Sprachen übersetzt. Mehr unter www.oliver-poetzsch.de.

Bibliografische Information der Deutschen Nationalbibliothek
Die Deutsche Nationalbibliothek verzeichnet diese Publikation in der Deutschen Nationalbibliografie. Detaillierte bibliografische Daten sind im Internet über http://d-nb.de abrufbar.

Für Fragen und Anregungen
info@rivaverlag.de

Wichtiger Hinweis
Dieses Buch ist für Lernzwecke gedacht. Es stellt keinen Ersatz für eine individuelle medizinische Beratung dar und sollte auch nicht als solcher benutzt werden. Wenn Sie medizinischen Rat einholen wollen, konsultieren Sie bitte einen qualifizierten Arzt. Der Verlag und der Autor haften für keine nachteiligen Auswirkungen, die in einem direkten oder indirekten Zusammenhang mit den Informationen stehen, die in diesem Buch enthalten sind.

Ausschließlich zum Zweck der besseren Lesbarkeit wurde auf eine genderspezifische Schreibweise sowie eine Mehrfachbezeichnung verzichtet. Alle personenbezogenen Bezeichnungen sind somit geschlechtsneutral zu verstehen.

Originalausgabe
1. Auflage 2023

Türkenstraße 89
80799 München
Tel.: 089 651285-0
Fax: 089 652096

Dieses Werk wurde vermittelt durch die Autoren- und Projektagentur Gerd F. Rumler (München).

Redaktion: Caroline Kazianka
Umschlaggestaltung: Isabella Dorsch
Abbildungen Umschlag und Innenteil: Stephanie Just
Layout: Isabella Dorsch, München
Satz: inpunkt[w]o, Haiger (www.inpunktwo.de)
Druck: Florjancic Tisk d.o.o., Slowenien
Printed in the EU

ISBN Print 978-3-7423-1764-3
ISBN E-Book (PDF) 978-3-7453-1467-0
ISBN E-Book (EPUB, Mobi) 978-3-7453-1470-0